致力于中国人的教育改革与文化重建

立 品 图 书·自觉·觉他
www.tobebooks.net
出 品

《四书遇》导读

张岱讲《中庸》

[明]张岱 著
林电锋 译

中国文联出版社
http://www.clapnet.cn

图书在版编目（CIP）数据

四书遇导读．张岱讲中庸／（明）张岱著；林电锋译．— 北京：中国文联出版社，2019.3
ISBN 978-7-5190-4028-4

Ⅰ．①四… Ⅱ．①张… ②林… Ⅲ．①儒家②四书—研究 Ⅳ．① B222.15

中国版本图书馆CIP数据核字（2019）第013522号

《四书遇》导读·张岱讲《中庸》

作　　者：	（明）张岱 著　林电锋 译		
终 审 人：	奚耀华	复审人：	胡　笋
责任编辑：	蒋爱民	责任校对：	青　元
封面设计：	尚上文化	责任印制：	陈　晨

出版发行：中国文联出版社
地　　址：北京市朝阳区农展馆南里10号，100125
电　　话：010-85923066（咨询）85923000（编务）85923020（邮购）
传　　真：010-85923000（总编室）010-85923020（发行部）
地　　址：http://www.clapnet.cn　　http://www.claplus.cn
E - mail：clap@clapnet.cn　　jiangam@clapnet.cn

印　　刷：北京华创印务有限公司
装　　订：北京华创印务有限公司
法律顾问：北京市德鸿律师事务所王振勇律师
本书如有破损、缺页、装订错误，请与本社联系调换

开　　本：787×1092	1/32
字　　数：138千字	印张：7.25
版　　次：2019年3月第1版	印次：2019年3月第1次印刷
书　　号：ISBN 978-7-5190-4028-4	
定　　价：48.00元	

版权所有　翻印必究

目录

序 1
张岱《四书遇》自序 5

天命章 9
 《中庸》原典 10
 朋友圈纵横谈 11
时中章 23
 《中庸》原典 24
 朋友圈纵横谈 25
鲜能章 29
 《中庸》原典 30
 朋友圈纵横谈 30
行明章 33
 《中庸》原典 34
 朋友圈纵横谈 35
不行章 39

《中庸》原典..........40
朋友圈纵横谈..........40

大智章..........41
《中庸》原典..........42
朋友圈纵横谈..........42

予知章..........47
《中庸》原典..........48
朋友圈纵横谈..........48

服膺章..........51
《中庸》原典..........52
朋友圈纵横谈..........52

可均章..........55
《中庸》原典..........56
朋友圈纵横谈..........56

问强章..........59
《中庸》原典..........60
朋友圈纵横谈..........61

素隐章..........67
《中庸》原典..........68
朋友圈纵横谈..........69

费隐章..........73
《中庸》原典..........74

朋友圈纵横谈 75

不远章 81
　　《中庸》原典 82
　　朋友圈纵横谈 83

素位章 89
　　《中庸》原典 90
　　朋友圈纵横谈 91

行远章 95
　　《中庸》原典 96
　　朋友圈纵横谈 96

鬼神章 99
　　《中庸》原典 100
　　朋友圈纵横谈 101

大孝章 103
　　《中庸》原典 104
　　朋友圈纵横谈 105

无忧章 107
　　《中庸》原典 108
　　朋友圈纵横谈 109

达孝章 113
　　《中庸》原典 114
　　朋友圈纵横谈 115

问政章 ... 119
《中庸》原典 ... 120
朋友圈纵横谈 ... 125

诚明章 ... 133
《中庸》原典 ... 134
朋友圈纵横谈 ... 134

尽性章 ... 137
《中庸》原典 ... 138
朋友圈纵横谈 ... 138

致曲章 ... 141
《中庸》原典 ... 142
朋友圈纵横谈 ... 142

前知章 ... 145
《中庸》原典 ... 146
朋友圈纵横谈 ... 147

自成章 ... 153
《中庸》原典 ... 154
朋友圈纵横谈 ... 155

无息章 ... 161
《中庸》原典 ... 162
朋友圈纵横谈 ... 164

大哉章 ... 171

《中庸》原典 172
　　朋友圈纵横谈 173

自用章 177
　　《中庸》原典 178
　　朋友圈纵横谈 179

三重章 181
　　《中庸》原典 182
　　朋友圈纵横谈 184

祖述章 189
　　《中庸》原典 190
　　朋友圈纵横谈 191

至圣章 195
　　《中庸》原典 196
　　朋友圈纵横谈 197

经纶章 201
　　《中庸》原典 202
　　朋友圈纵横谈 203

尚䌹章 207
　　《中庸》原典 208
　　朋友圈纵横谈 210

序

钱穆先生曾开过一个书单，列出他认为中国人必读的9本书。在这张书单上，我们常说的四书——《大学》《中庸》《论语》《孟子》——占了四席，由此足见钱先生对于它们的认可与推崇。

四书是每个中国人绕不开的经典，但它们享有这样的待遇，是在问世1400多年后的南宋。当时，程颐和朱熹特别重视《礼记》中的《大学》和《中庸》两篇文章，于是把它们抽出来变成两个单行本，加上《论语》《孟子》，集为一套四本，称作"四子书"或"四书"。

朱熹还倾注心血为四书作注解，编成《四书章句集注》。四书逐渐代替汉唐的大学教材五经，成为儒家文化的核心和基础，家传户诵。朱注也成为官学正统，甚至被奉为科考的唯一标准，不仅代表了政治正确，更关系到读书人的前途。直到阳明心学在明朝中期兴起，朱注的大一统地位才开始受到挑战。

明朝才子张岱的语录体读书札记《四书遇》，即是抛开朱注，从心学角度解读四书的一本代表性作品。

张岱字宗子，又字石公，号陶庵，别号蝶庵居士，山阴（今浙江绍兴）人。他的高祖张天复、曾祖张元忭、祖父张汝霖三代都是进士，且都做过高官，父亲张耀芳也担任过明藩王鲁王府的右长史——相当于今天省级单位的副秘书长。所以，张岱前半生一直过着逍遥自在的公子哥生活："少为纨绔子弟，极爱繁华，好精舍，好美婢，好娈童，好鲜衣，好美食，好骏马，好华灯，好烟火，好梨园，好鼓吹，好古董，好花鸟，兼以茶淫橘虐，书蠹诗魔。"

明朝灭亡，张岱的快活日子也灰飞烟灭。他披发入山，过起了读书写字的隐居生活。他晚年号六休居士，意思是：粗羹淡饭饱则休，破衲鹑衣暖则休，颓垣败屋安则休，薄酒村醪醉则休，空囊赤手省则休，恶人横逆避则休。这份不为物役的心境，一方面反映了他一贯的自由气质，另一方面也说明了生活的窘迫。

作为令人惊艳的小品圣手，张岱虽被黄裳誉为"天下无与抗手"的散文第一名家，他的成就却绝非"散文家"所能涵盖。他在经学上的建树，标志就是语录体的《四书遇》。

《四书遇》的独特价值在于，它打破了朱熹旧注的垄断，重现了四书生命之学和心性之学的本来面目。

张岱不甘拜伏在旧说成见面前，入乎耳，出乎口，做一

张岱讲《中庸》·序

个亦步亦趋、人云亦云的吃瓜群众，而是创造了学习经典的一种新方式：遇。他在序中说：他读四书，不因袭前人注解，而是在石火电光一闪间悟出某种妙解，强调有"遇"于心。也就是根据时时处处的体认，邂逅经典中蕴含的精义，做出创造性的解释。

在《四书遇》中，张岱以过人的见识与灵动的语言，会通三教，六经注我，"把儒家经典、诸子百家语和禅宗机锋语陶冶在一起，说得煞有介事，娓娓动听，文采斐然，这是枯燥乏味的高头讲章和酸腐味极重的理学著作所不能比拟的。"（朱宏达语）

而与他在书中同台亮相的，不仅有同时代的学者，还有苏东坡、程颢等前代大咖，基本都是各个时代最聪明的头脑。他们就四书的内容舌灿莲花，旁征博引，或者深谈体悟，或者辨析疑义，时而惺惺相惜，时而激烈交锋。今日读来，犹如观赏一台精彩纷呈的对话节目。

为了让读者体味"节目"中的独到见解与连珠妙语，我们尝试借用今日流行的微信朋友圈的形式，把《四书遇》的内容呈现出来，以原文下的"点赞"列出本节发言者，以@来指明后发言者所针对的内容。每个人的发言，则采取古文和白话译文相对照的方式，如实呈现原文内容。

《中庸》和《大学》一样，原为《礼记》中的一篇。它是儒家思孟学派的代表性著作，被推崇为"实学"。《中庸》在宋代获得空前的重视，经由程朱理学派的推崇尊奉，单独成篇并列为"四书"之一，被普遍认为是可供终身受用的经典，对传统中国社会思想产生了重大而深远的影响。

无论是朋友圈的现代形式还是尽可能平实的翻译，我们的这些尝试，都是为了帮助读者更好地进入《四书遇》的世界，从中获得启发和助益。千虑一得，尚待验证；挂一漏万，在所难免。期待您的探讨交流和批评指正！邮箱：lipinbook@hotmail.com.

编译者

二〇一七年七月二十日

张岱《四书遇》自序

四书六经，自从被后人加上注解，原有的意趣就失去十之五六了，再被人加上诠释，原有的意趣就失去十之八九，几乎丧失殆尽了。所以前辈曾经说："给六经加上注解，反而不如不加。"这些经典完完整整的几句好文章，却被后人的训诂讲义弄得零散破碎，真是太可惜了！

我自幼遵从祖父的教导，读六经时从不看朱熹的注解，也不参考其他各派的注疏，以免先入为主。我只是正襟危坐，朗诵几十遍正文，对其中的意思往往就能蓦然有所领悟。间或有一些内容自己无法弄通，就把它不加理解地牢记心中。然后过个一年或两年，或者在读别的书时，或者在听别人聊天时，或者在观赏山川风物、鸟兽虫鱼时，突然间有所感触，对那些不理解的内容就会恍然大悟。

我把这些感悟整理出来，就成了这本《四书遇》。

之所以用"遇"字，就是说这些感悟不是在家里碰到的，也不是在旅舍遇到的，而是旅途中偶然邂逅的。古代有一位大书法家文与可，偶尔看到路旁两条蛇绞绕缠斗，顿时领悟到草书的窍门；"草圣"张旭欣赏公孙大娘舞剑，触发灵感而书艺大进。大概他们的心灵也是与什么相遇了吧？

古人精思静悟，对一个东西钻研日久，忽然石火电光般彻悟，洞察了其精深微妙的变化，别人根本无从知道他的想法是从何处而来。现在的读书人历经十年苦读，在风檐寸晷的科举考场上，争分夺秒地构思出八股文章。而主考官在醉生梦死之余，忽然被某一篇投合了心意，就像磁铁吸引铁块和琥珀吸引草芥一样，相悦以解，全部注意力几乎都被吸引过去。这种莫名邂逅的奥妙，真是让人无法理解。我们继续深究下去，人世间的色、声、香、味、触、法，没有一样的里头不存在可供相遇的途径，就只等着和用心深邃的明眼人邂逅相遇，成为情投意合的朋友。

我在战乱中逃离家乡，两年里东奔西走，身无长物，所有的东西都统统扔掉了，唯独把这部书稿藏在行李箱底，一页都不曾丢掉。我还记得苏东坡当年被贬官到海南岛，在渡海时遇到了飓风，所坐的船眼看就要翻了。他自言自语地说："我的

张岱讲《中庸》·《四书遇》自序

《易解》和《论语解》两本书还没有流行于世,即使遇险也一定会逢凶化吉。"后来他果然平安抵达。我的这部书稿将来能不能遇到知己,和会不会遇到盗贼水火,都同样是一个遇字啊。到底会怎样,谁能轻易说得清呢?

【原文】六经四子,自有注脚而十去其五六矣,自有诠解而去其八九矣。故先辈有言,六经有解不如无解,完完全全几句好白文,却被训诂讲章说得零星破碎,岂不重可惜哉。余幼遵大父教,不读朱注,凡看经书,未尝敢以各家注疏横据胸中,正襟危坐,朗诵白文数十余过,其意义忽然有省,间有不能强解者,无意无义,贮之胸中,或一年,或二年,或读他书,或听人议论,或见山川云物、鸟兽虫鱼,触目惊心,忽于此书有悟,取而出之,名曰《四书遇》。

盖遇之云者,谓不于其家,不于其寓,直于途次之中邂逅遇之也。古人见道旁蛇斗而悟草书,见公孙大娘舞剑器而笔法大进,盖真有以遇之也。古人精思静悟,钻研已久,而石火电光,忽然灼露,其机神摄合,政不知从何处着想也。举子十年攻苦,于风檐寸晷之中构成七艺,而主司以醉梦之余，忽然相投，如磁引铁，如珀摄芥，相悦以解，直欲以全副精神注之，其所遇之奥窍，真有不可得而自解者矣。推而究之，色声香味触发中间，无不有（编注：个别版本此处为"可"字）遇之一窍，特留以待深心明眼之人，邂逅相遇，遂成莫逆耳。

余遭乱离两载，东奔西走，身无长物，委弃无余，独于此书，收之箧底，不遗只字。曾记苏长公儋耳渡海，遇飓风，舟几覆，自谓《易解》与《论语解》未行世，虽遇险必济。然则余书之遇知己，与不遇盗贼水火，均之一遇也，遇其可易（编注：个别版本此处为"遇"字）言哉？

【天命章】

《中庸》原典

天命之谓性，率性之谓道，修道之谓教。道也者，不可须臾离也；可离，非道也。是故君子戒慎乎其所不睹，恐惧乎其所不闻。莫见乎隐，莫显乎微，故君子慎其独也。喜怒哀乐之未发，谓之中；发而皆中节，谓之和。中也者，天下之大本也；和也者，天下之达道也。致中和，天地位焉，万物育焉。

译文 上天赋予人的善良禀赋叫做本性，顺此发展并择善而行就是道，依此而有的一切修行工夫即是教化。道是片刻也不能离开自心的，如果可以离开，就不是道了。所以，即使在大家看不到和听不到的地方，君子也会谨慎检点，害怕天理不能住持于心。在幽暗的地方，大家还不曾见到隐藏的事端，我的心已明显地体察到；细微的事情，大家不曾察觉的时候，我的心已显现出来。因此，君子独知独行时要更加谨慎小心，不使不正当的欲望潜滋暗长。喜怒哀乐诸多情感还没有生起时，心是平静无所偏倚的，称之为中；如果情感生起后又能合乎节度，没有过与不及，则称之为和。中是天下万事万物的根本，和是天下共行的大道。如果能把中和的道理全面普及，并达到圆满的状态，那么天地万物，都能各安其所，各遂其生了。

张岱讲《中庸》· 天 命 章

朋友圈纵横谈（ 为原文）

张岱

邓文洁与与王畿（号龙溪）谈论大道，说我们不去做什么圣人，不去做什么贤者，也不去做什么天地，只要做好自我修养，就能达到证悟境界。我们生活在这个世界上，就是依靠一点真心与天地往来沟通，其他的半点儿也帮衬不上。《中庸》中强调要"戒慎恐惧"，也是这一点的具体体现，要通过反观自身、内省自视，感觉自己像是在锋芒逼人的刀光剑影中安身、在烈焰纷飞的铁轮顶上立足，使人性中最初的灵光，一起迸发出来。而那些天生的自然禀赋，顺着本性来做人处事，以及按照道的原则来实施教化等，只不过是光明中所呈现出来的影像而已。因此说："在幽暗的地方，大家不曾见到隐藏的事端，我的心已明显地体察到；细微的事情，大家不曾察觉的时候，我的心中已显现出来。"

邓文洁与龙溪谈道，谓圣也不做他，贤也不做他，天地也不做他，只是自修自证。吾人住世，一灵往来，半点帮贴不上。所为戒慎恐惧，亦是这点独体，惺然透露，如剑芒里安身，铁轮顶上立命，无始光明，一齐迸露。天命之性，率性之道，修道之教，不过光明中影现法象而已。故曰:"莫见乎隐,莫显乎微。"

♡ 邓文洁　王龙溪　艾千子　薛西原　杨子常　韩求仲　辛复元

艾千子

"没人看到""没人听到"是一层境界,即自己的心识还没有与外物接触,自己还未看到和听到的时候;"隐晦之处""细微之时"是另一层境界,即别人还"没有看到""没有听到",而自己通过内心检视和观照已经得知的时候。自隆庆、万历年间以来,社会贤达仍然将"隐晦之处""细微之时"当作"没人看到""没人听到"的境界,显然是非常错误的。"慎独"是"戒惧"层次之后更加严格的警醒。好像防盗一样,"戒惧"是在日常生活中,像实行维持社会治安的"保甲法"一样持续管理好自心;而"慎独"则像关隘出入境等要地搜查盘问一样,要在一人独知独行的时候,仔细检视和拷问自己的内心。如果将"慎独"当作"戒惧"的层次,显然也是不对的。

艾千子曰:"不睹""不闻",是吾心未与物接,而自己"不睹""不闻"之时。"隐""微",是吾心独睹、独闻,而人所"不

张岱讲《中庸》·天命章

睹""不闻"之时。自隆、万以后，诸名公径以"隐""微"仍作"不睹""不闻"者，大非。"慎独"是"戒惧"后再加提醒。譬如防盗，"戒惧"是平时保甲法，"慎独"是关津紧要处搜盘法。将"慎独"径作"戒惧"者，亦非。

♡ 张岱 薛西原 杨子常 韩求仲 程颐

张岱

所谓仁，就是人之所以为人的独有本性。上天给人的善良禀赋，是希望人担负起履行仁德的责任。将仁和人紧密结合起来说，就是道了。依据善良的禀赋来做人处事，是要求人履行仁德达到至善的境界。

▌仁者，人也。天命之性，天而人者也。合而言之，道也。率性之道，人而天者也。

♡ 薛西原 杨子常 韩求仲 程颐

 杨子常

意念生起的刹那叫做"须"，眼睛一眨的瞬间就是"臾"。

> 杨子常曰：意所偶欲曰"须"；瞬所未合曰"叟"。

♡ 张岱　薛西原　韩求仲

 辛复元

"戒惧"是静中主敬——即使是没人看到听到的地方，自己都要宁静身心，以庄敬谨慎作为始终一贯的涵养工夫；"慎独"则是方动研几——深入自己的内心深处，哪怕是一丁点儿的起心动念，都要精密地考问和思虑。只有做到"静中主敬"，不正当的欲望才没有生起的由头；只有做到"方动研几"，那些欲望才没有滋长的机会。

> 辛复元曰："戒惧"是静中主敬，"慎独"是方动研几。静中主敬，私欲无端而起；方动研几，私欲无得而滋。

♡ 张岱　薛西原　杨子常　韩求仲

张岱

平日里,外来事物纷至沓来、烦扰身心,人们只会随波逐流,对眼前祸福就像瞎子、聋子一般充耳不闻、视若无睹。只有当夜半时分,灯火冥灭,大梦初醒,检视自己平生的是非善恶,才如眉毛头发一样清晰。所以,才说"莫见乎隐,莫显乎微"。圣人设教非常精妙,我们绝不可把这些精粹的道理当成虚幻的说法。"睹"是由内向外看,因此必须"戒慎";"闻"由外向内来,因此必须"恐惧"。

群动交作,随波逐浪,眼前祸福,有若聋盲;三更灯尽,五更梦回,生平善恶,眉发可数,故曰"莫见""莫显"。勿把玄幻语将指点精神抹杀。"睹"自内出,故须"戒慎";"闻"自外来,故须"恐惧"。

♡ 薛西原　杨子常　韩求仲

张岱

未发已发,实质上是中和问题,不能以时间先后来辨别。朱熹也指出:即使是一天的时间里,念头起起灭灭,何止万端,但心的本体依然是寂静安然的。他这句话说得极为透彻。

> 未发已发，不以时言。朱子亦云：虽一日之间，万起万灭，而其本体未尝不寂然。此言极透。

♡ 薛西原　杨子常　韩求仲

张岱

周汝登所辑的《程门微旨》中指出："喜怒哀乐未发之时称为"中"，那是指心的本体。"既然各种情感尚未产生，哪里还有一个什么东西呢？因此只能称之为"中"，千万不要以为有一个叫做"中"的东西而加以执着。

> 程门微旨云：未发谓"中"，只是一个本体。既是未发，那里有个怎么？只可谓之"中"，不可提一个"中"来为"中"。

♡ 薛西原　杨子常　韩求仲　辛复元

 薛西原

"发而皆中节"的"中"字，是从"喜怒哀乐之未发，谓之中"的"中"字生发出来的，二者是体和用的关系。人的情感，容易过度过滥，而很少有不及不够的。"节"字有"节制而不使其过度"的含义。在节制的过程中，仍然离不开"戒慎"和

张岱讲《中庸》·天命章

"恐惧"的修证工夫,而不是空空泛泛就能做到的。要观照到喜怒哀乐诸般情感尚未产生的情形,必须将喜怒哀乐产生时未能中节的全部消除,才能观照得到。

> 薛西原曰:"中节"之"中"字,从"谓之中""中"字来。情易失之过,不及者鲜。"节"有止而不过之义。此中仍"戒慎","恐惧"工夫,不是空空便能中节。欲观喜怒哀乐未发时气象,须将喜怒哀乐发而不中节处克尽,始观得。

♡ 张岱　杨子常　韩求仲

韩求仲

在心里体现出来的称为"中和",外化在天地万物上称为"位育"。"位育"原来是"致中和"所体现的外在景象。而两个"焉"字,看似表述得轻风细雨、不动声色,事实上却是境界开阔、全然自足。如果仅从对万物实施作用和教化来讲,不仅说小了,也是不圆满的。

> 韩求仲曰:在心为中和,在天地万物曰位育。位育原是致中和光景。两"焉"字,说得不动丝毫,荡然自得。煞言功化,义即不圆。

♡ 张岱　薛西原　杨子常

17

杨复所

《中庸》这本书原来是《礼记》中的一部分,这个"中"字,就是礼的要求;那个"和"字,就是乐的要求,这点不可不知。《中庸》最神妙的地方,就是从人的喜怒哀乐这些最基本的情感说起。人们以为喜怒哀乐诸多情感尚未产生或已产生的状态,是一个人所"独知"的,却不懂得这就是"中"的意思、"和"的意思、"大本"的意思、"达道"的意思,这不就是"莫见乎隐""莫显乎微"的含义吗?

杨复所曰:《中庸》一书原是《礼记》,此"中"字,即礼也,此"和"字,即乐也,不可不知。最妙是从喜怒哀乐说起。人以喜怒哀乐之未发与发为一人之"独"耳。不知乃"中"也,乃"和"也,乃"大本"也,乃"达道"也。非"莫见乎隐","莫显乎微"也哉?

♡ 张岱　薛西原　杨子常　韩求仲

杨子常

这里所说的,并非空泛的理论,而是可以真修实证的。古代儒者认为礼乐的教化功用不亚于祭祀鬼神,能感召和气消除戾气,变灾祸为吉祥,真的

张岱讲《中庸》·天命章

没有欺骗我们。

▮ 杨子常云：非论理，乃实事也。先儒谓礼乐之功用不让鬼神，则召和消戾，变灾为祥，非诳语也。

♡ 张岱　薛西原　韩求仲

张岱

《乐记》中说："乐礼，是古代圣王用来表现喜悦的；行军作战和刑罚，是他们用来表现愤怒的。因此他们的喜悦和愤怒，都能通过乐礼与作战刑罚而表达得恰如其分。所以，圣王一高兴，天下人就应和他；一生气，暴徒就害怕他。"

▮ 《乐记》云："乐者，先王之所以饰喜也；军旅鈇钺者，先王之所以饰怒也。故先王之喜怒，皆得其侪焉。喜则天下和之，怒则暴乱者畏之。"

♡ 薛西原　杨子常　韩求仲　辛复元

张岱

天下和顺，不但人们会心平气和，日月星辰都会清爽开朗；使暴徒畏惧，不仅人心会被震慑而归

19

服,天地都会明净清澈。这就是"天地位焉,万物育焉"的最好佐证。

🔖 天下和,则不惟心意和平,亦觉日月清朗;暴乱畏,则不惟人心慑服,亦觉天地廓清。此便是"天地位""万物育"之切实证佐。

♡ 薛西原　杨子常　韩求仲

杨复所

"忌"字体现了"戒慎"两字的意思,"惮"字体现了"恐惧"两字的含义。"无忌惮"的意思,就是没有"戒慎""恐惧"的心。总的来说,那些异端邪说,都是因为大胆而误了修身养性的大事。千百年来的圣贤学问,无非是小心谨慎而已。

🔖 杨复所曰:"忌"字即"戒慎"二字。"惮"字即"恐惧"二字。"无忌惮"者,无"戒慎""恐惧"之心也。大抵异端只为大胆误了事。千古圣学,惟有小心而已。

♡ 薛西原　杨子常　韩求仲

朱熹

程颐夫子认为"不偏于一边叫做中，不随便变化叫做庸。中是天下普遍的真理，庸是天下不变的法则。"这一篇《中庸》，是孔门传授的修身齐家治国平天下的心法。孔子后人子思担心时间久了后人传授出现误差，所以把它写成书，传授给孟子。《中庸》开头只讲一个道理，中间以各种事务分述，最后又汇归到一个道理上。这个道理，放开可以遍满天地四方，收回又可以归藏于一心。它的意义无有穷尽，都是实实在在的学问。善于读书的人仔细思量，用心研究，自然能体会出心得，用在做人处事上，就是一生也用不完。

子程子曰："不偏之谓中，不易之谓庸。中者，天下之正道；庸者，天下之定理。"此篇乃孔门传授心法。子思恐其久而差也，故笔之于书，以授孟子。其书始言一理，中散为万事，末复合为一理。放之则弥六合，卷之则退藏于密。其味无穷，皆实学也。善读者玩索而有得焉，则终身用之，有不能尽者也。

♡ 张岱　程颐

时中章

《中庸》原典

仲尼曰:"君子中庸,小人反中庸。君子之中庸也,君子而时中,小人之反中庸也,小人而无忌惮也。"

译文　孔子说:"君子的一言一行都合乎中庸之道,小人的所作所为都违反中庸之道。君子之所以能合乎中庸,是因为他能与时俱进地守住中道,无过与不及;小人之所以违反中道,是因为他不明此理,肆无忌惮。"

朋友圈纵横谈（▨ 为原文）

冯具区

"小人之中庸",是小人自认为的"中庸"之道。他们做人处事"肆无忌惮",恰恰是因为认为"肆无忌惮"就是"与时俱进地处于中道"的状态。这些小人非同寻常,正是素隐行怪,也就是专门研究那些犄角旮旯的学问,做些离奇古怪的事情,用来博取名声的那一类人。

▨ 冯具区曰:"小人之中庸",小人自以为"中庸"也。其"无忌惮"处,正是认"无忌惮"为"时中"耳。此小人不是小可,正是隐怪一流人。

♡ 顾泾阳　杨复所　张岱

顾泾阳

荆公王安石只不过是一个不小心,就成了典型的肆无忌惮的"反中庸"者。后来表现在政事上,恰好又给那些独断独行、刚愎自用的人提供"挡箭牌",就像给敌人送兵器、给盗贼送粮食一样,不仅仅是危害宋朝那么简单。

▨ 顾泾阳曰:王荆公只是一个不小心,遂成一个"无忌惮"。后来见诸事术,适为自专自用者藉兵而赍粮,不特祸宋而已。

♡ 冯具区　杨复所　张岱

杨复所

这是辨别学脉真伪的关键之处。"中庸"两个字,孔夫子早已用来指出异端邪说错误的地方。"违反中庸之道的",比如说外来部族祸乱华夏,普通庶民图谋不轨,乱臣贼子心存叛逆篡弑,这些都叫做"反"。

杨复所曰:此严学脉之辨也。"中庸"二字,夫子已为异端先下针砭矣。"反中庸者",如夷狄之乱华,庶民之不轨,臣子之无将,俱命曰"反"。

♡ 冯具区　顾泾阳　张岱

张侗初

当年尧舜之间的禅让,就充分体现了"中"的原则。中道的实行离不开日常生活,所以称之为"庸",就是日用的意思;"中道"是一种与时俱进的状态,千万不可拘泥执着,因此才叫做"时"。这是孔子为人们如何实行"中"提供了一个重要的注释,是孔子对尧舜美德的继承和传述。

> 张侗初曰:尧舜授受,一"中"而已。中不离日用,故曰"庸";"中"不可执着,故曰"时"。此仲尼于"中"字下一注脚也,是谓祖述尧舜。

♡ 冯具区 顾泾阳 杨复所 张岱

张岱

西方的佛祖和道家的老子并不知道"中庸"两个字,只有孔仲尼率先提出来,因而子思和@程颢(号明道)专门指出这是@孔仲尼说的:"君子实行中庸之道。"

> 佛老总不识"中庸"二字,惟仲尼识得,故子思、明道独揭仲尼曰:"君子中庸。"

♡ 冯具区 顾泾阳 杨复所 子思 程颢

【鮮能章】

《中庸》原典

子曰:"中庸其至矣乎!民鲜能久矣!"

译文　孔子说:"中庸大概是最高的德行了吧!人们很少能做到,这种情况已经很久了!"

朋友圈纵横谈(▬为原文)

张岱

本章"至"字的意思,与下文中"'上天之载,无声无臭。'至矣"的"至"相同,都是"最高"的意思。包括下文谈到的"至诚""至圣""至道""至德"的"至"字,也都是这一个意思。有时候说"大",也与"至"字同义。李贽的《四书评》中说:既说"人们缺乏它已经很久了",前面又说"道是片刻也不能离开身心的",为什么呢?

▬"至"字即"无声无臭至矣"之"至"。下言"至诚""至圣""至道""至德",皆同此"至"。有时言"大"字,亦与"至"同。《四书评》曰:曰"鲜能"且曰"久",则所云"不可须臾离"者,何如也?

♡ 顾泾阳　胡云峰　杨复所　李贽

胡云峰

这里比《论语》中的表述多了一个"能"字。因为普通人的气质有所偏颇，因此很少能够深刻体会并重视实行；在此，还必须结合阅读下一章，仔细理解很多"能"字的意思，才能够真正明白子思的思想。

> 胡云峰曰：此比《论语》添一"能"字。惟民气质偏，故鲜能知能行；仍须看下章许多"能"字，方见子思之意。

♡ 顾泾阳　张岱　杨复所　孔子

董日铸

把最高的德行称为"中庸"，圣人担心后世的人疏忽大意，认为就是"庸"的意思，所以着重用"至"——"最高"来形容它。"至"字，就是恰到好处的意思。"过了头"即是失去了"中道"，"达不到"也是失去了"中道"，都是"未能达到最佳状态"的表现，因此无论是智者还是愚人，无论是贤士还是小人，都同样未能达到最佳状态。指出这一点，就可以使今后那些沉迷于素隐行怪的人感到羞愧。

《四书遇》导读

> 董日铸曰：名为"中庸"，而惧天下之忽以为庸也，故以"至"赞之。"至"者，恰好之谓也。"过"则失"中"，"不及"则亦失"中"，皆名"未至"，则知贤智愚不肖之同为"不及"也。而后可以愧天下之隐怪而迷者矣。

♡ 顾泾阳　胡云峰　杨复所　张岱

张岱

如果平民百姓能够学习中庸之道，那么歪风邪气就会自动消失；如果他们能够实行中庸之道，那么反对此道的小人就会自动转化。这就是孔子的殷切期望啊！

> 庶民与，则邪慝自息。民能中庸，则反中庸之小人自化。夫子所以望民独切也。

♡ 顾泾阳　胡云峰　杨复所　孔子

【行明章】

《中庸》原典

子曰："道之不行也，我知之矣：知者过之，愚者不及也。道之不明也，我知之矣：贤者过之，不肖者不及也。人莫不饮食也，鲜能知味也。"

译文　孔子说："中庸之道不能实行的原因，我知道了：聪明的人高估自己，认识过了头；愚昧的人智力不及，不能理解它。中庸之道不能被理解的原因，我知道了：贤能的人做得太过分，不贤的人根本做不到。这就像人们每天都要吃喝，却很少能够真正品尝到滋味。"

朋友圈纵横谈（▮为原文）

张岱

"人们每天都要吃喝，却很少能品尝到滋味"一句，以日常生活道出深奥的道的本体问题，让人从中亲身品尝到真味，千万不可当作简单的比喻来理解。饿肚子的人最易吃饭，饥渴的人最易喝水。一个"易"字，不知道让许多人被表面现象所蒙蔽，而错过了明白真正道理的机会。说到底的话，春秋时期齐国味觉高超的易牙，即使能分辨出淄水和渑水的味道不同，也算不上真正的知味者。

▮ "人莫不饮食也"，将日用处指出道体，从舌根上拈出真味，不可作喻解。饥者易食，渴者易饮。一易字，不知瞒过多少味矣。究而言之，辨淄渑之易牙，也算不得知味者。

♡ 顾泾阳　胡云峰　杨复所

顾泾阳

将深刻理会中庸之道，比喻为吃饭时要吃出味道，沿着上一节的表述，让人大大地感叹了一回。由此看来，人人都在中庸之道里面，人人更是在中庸之道外面。读到这里，真让人感觉好像失去了什么。

> 顾泾阳曰：饮食知味，只就上节来咨嗟慨叹一番。见人人在道之中，人人在道之外，读之，真令人恍然自失。

♡ 张岱　胡云峰　杨复所

张岱

孔夫子倡导知与行相结合，互相阐发和印证，那么知行合一的深刻道理，不需要王阳明先生解说就已经很明白了。而在下一节只说"很少人能吃出味道"，那么知道这一点就已经是行了，也不仅仅是王阳明先生的"致良知"学说指出了这一点。然而，在孔夫子那个时候，他连说了两次"我知道了"，可以知道明白这个道理的人少之又少了。

> 夫子取知行而互言之，则知行合一之旨，不待新建之说而后明矣。而下节止曰"鲜能知味也"，则知之即为行也，亦不独新建"良知"之说矣。然当夫子之时，而两曰"我知之矣"，则知其解者不亦鲜乎。

♡ 顾泾阳　胡云峰　杨复所

胡云峰

这一章,分别阐述中庸之道的"不能实行"和"不能弘扬"的原因,而下一章则通过讲舜帝的智慧,来说明中道能实践;通过讲颜回的贤能,来说明中道能弘扬。加之后面即将谈到智仁勇问题,这一章是就智仁勇三者的开端而言的。智者自以为是,认为中道不足以实行。这是缺乏仁德的表现;贤能者自行其志,认为中道无法理解。这是缺少智慧的表现;愚昧无能的人又安于低下的现状,不能勤勉而奋进,这是缺乏勇气的表现。

胡云峰曰:此章分道之"不行""不明",而下章即舜之知,言道之所以行;即回之贤,言道之所以明。兼后面欲说知仁勇,此章为此三者发端而言。知者知之过,以为道不足行,是不仁也;贤者行之过,以道为不足知,是不智也;愚不肖者,安于不及,不能勉而进,是不勇也。

♡ 张岱　胡云峰　杨复所

杨复所

这一章指出"很少能做到"的原因,同时也指出了"能做到"的原因。然而大道"不能实行",本应说是贤者和无能者的问题,却说是智者与愚昧者的问题。只有这样表述,才能发现中道"不能实行"的真正原因。

> 杨复所云:此指出"鲜能"之故也,亦即指出"能"之故也。然"不行",合说贤不肖,反说智愚,正见所以"不行"之故。

♡ 顾泾阳　胡云峰　张岱

【不行章】

《四书遇》导读

《中庸》原典

子曰:"道其不行矣夫!"

译文　孔子说:"中庸之道看来是行不通了!"

朋友圈纵横谈(▨为原文)

张岱

　　本章排在"很少能真正尝出味道"一章的后面,"很少尝出味道"就是"不能实行"中庸之道,并非两回事。在另一个版本"石经本"中,这一章排在"民鲜能久矣"一章的后面,"道之不行"一章的前面。

　　▨ 此即属"鲜能知味"之下,"鲜知"即"不行",非有二也。石经本,此节在"鲜能久矣"之下,"道之不行"之上。

♡ 子思

【大智章】

《四书遇》导读

《中庸》原典

子曰:"舜其大知也与,舜好问而好察迩言,隐恶而扬善。执其两端,用其中于民,其斯以为舜乎!"

译文　孔子说:"舜帝真是具有大智慧啊!他喜欢向别人请教,又善于分析浅显话语里的深意。隐藏别人的过失,而褒扬别人的好处,最后再将众人的意见加以审择,按照中道施行于人民,这就是他成为舜帝的缘故吧!"

朋友圈纵横谈(▇为原文)

陶石篑

"两端",并不是说有"过头"和"不及"两个维度,也不是说有起点和终点。如果人格修养能够做到最好,哪里有什么起点和终点?意见如果相同,那就只有一种;如果有所不同,那么不管有千百万种,也只用两种来表示。两种,就是不一样的意思。本章等于说舜帝收集了各种意见,好好地斟酌,细细地琢磨!

> 陶石篑曰："两端"，故不指定"过""不及"，亦不必谓自首至尾。彼善，何尝有首尾？大凡同则一，不同虽千百种，只谓之两。两者，不一之谓。犹言执此不一之论，酌而量之，参而详之也。

♡ 张岱　董日铸

程颐

如果一个人格物致知的修养很高，即使听到普通人的言论，虽然是就事论事的浅显表达，也能听出很多道理。这样具有大智慧的人，就能真正做到请教、审察，能真正地做到隐恶扬善，做到执其两端用其中。他并不是通过请教和审察，才获取真正学问的。

> 程子曰：造道既深，虽闻常人言，语浅近事，莫非义理。是大知人，能问，能察，能隐扬，能执用；不是由问察乃有知。

♡ 张岱　董日铸

《四书遇》导读

张岱

　　对很少能做到中庸的人，采用中庸之道来教化他们，是舜帝推广教导的极为智慧的做法，就像《诗经·大雅·既醉》中说的"孝子不匮，永锡尔类（孝顺的子子孙孙层出不穷，上天会恩赐福祉给孝顺的人）"，因此称之为"大"。又好比审理案件时，控辩双方你一言我一语，即使有千言万语，也只有原告和被告两个角度而已。

　　就鲜能之民，而用中以治之，是舜知之锡类处，故曰"大"。譬如听讼，千言万语，只谓这两造。

♡　陶石篑　董日铸　舜帝

董日铸

　　任何事物，如果没有内在一致性就没有作用，如果没有内在的矛盾性就不会产生变化。因此，立足于一致去求取一致，就会堕入两边，就会有过和不及、起点和终点的纷争；以执其两端的思路去审察一致性，就能看到事物正反两面，并呈现出事物的内在一致性。

　　董日铸曰：凡物，非一不神，非两不化。故

以一求一则一堕于两,以两观一则两具而一呈矣。

♡ 陶石篑　张岱

张岱

"选择中道施行于人民",就是用这个"中道"来治理人民,而不是采用人民里的"中间意见"。只有这样理解,才能完全明白舜帝实践中道的妙处。最后说,"这就是他成为舜帝的缘故吧",如同说,只有这个实践中道的人才是舜帝;没有再增添"大智"两个字,这样的语言意蕴更为深远,更是耐人寻味。

"用其中于民",是把此"中"用于民上,不是用民之"中"。此见舜之行道处。后言"其斯以为舜乎",犹云这个才是舜,不更添出"大知"二字,语意更觉深远。

♡ 陶石篑　董日铸

予知章

《中庸》原典

子曰:"人皆曰:'予知。'驱而纳诸罟擭陷阱之中,而莫之知辟也。人皆曰:'予知。'择乎中庸,而不能期月守也。"

译文 孔子说:"人人都说自己聪明,可是被驱赶到罗网陷阱中去,却不知道躲避。人人都说自己聪明,可是选择了中庸之道,却连一个月时间也不能坚持。"

朋友圈纵横谈(▇为原文)

杨升庵

孔子指出:"中庸之道恐怕不能在社会上实行啊!"它的原因就是不被人理解,好像真的无法实行一样,因此当头棒喝一番;下面就引用舜帝悟解中道的例子,树立起一个典范。"人人都说自己聪明",它的原因就是不践行中道,因此扼腕叹息一番;下面再引用颜回实践中道的例子,作为一个典范。一声热喝,一声冷叹,体现了圣人的苦口婆心。

> 杨升庵云:"道其不行矣夫!"其故只为不明,故喝之;下即以舜之明榜之。"人皆曰予知",其故只为不行,故叹之;下即以回之行榜之。一热喝,一冷叹,总是婆心。

♡ 杨升庵 顾泾阳 张岱

顾泾阳

舜帝从来不认为自己是"有智慧"的人,因此成就了他的"大智慧"。普通人不能实行中道,问题都出在"人皆曰予知"五个字身上。

> 顾泾阳曰:舜惟不自以为"知",所以成其"大知"。误处全在"人皆曰予知"五字上。

♡ 杨升庵 张岱 舜帝

服膺章

《中庸》原典

子曰:"回之为人也,择乎中庸,得一善,则拳拳服膺而弗失之矣。"

译文 孔子说:"颜回就是这样做人的:他选择了中庸之道,得到了它的益处,就牢牢地记挂在心上,再也不让它失去。"

朋友圈纵横谈(▇为原文)

张岱

孔子门下常谈及颜回,但人们不仅不知道他的修为有多么高深,多么玄妙,即使看他的为人,也只是"选择了中庸之道"而已,哪有什么素隐行怪之处呢?颜回只是"选择了中庸之道",偶然"得到了益处,就牢牢地记挂在心上,再也不让它失去"。"则"字说得准确严谨;"矣"字说得坚决肯定。这里有"泰山不排除细小的土石，所以能那么高；河海不排除细小的溪流，所以能那么深"的意思。在非常浅显明白的地方，得到那么高深的学问，可见中庸之道的神妙之处。

> 圣门说着颜回，不知其修为如何高深，如何玄妙，乃其为人，亦只是"择乎中庸"，有何隐怪？但只是其"择乎中庸"之时，偶"得一善，则拳拳服膺，而弗失之矣"。"则"字说得紧严，"矣"字说得决绝，有泰山不让土壤，故能成其高；河海不择细流，故其成其大意。浅近之地，得其高深，正见中庸之妙。

♡ 焦漪园

焦漪园

"连一个月时间也不能坚持"，意思不是说那些人没有选择中庸之道去实践，最后却不能坚持下来，是说这些人选择的都是无法坚持的，哪能算得上什么真知灼见呢？

> 焦漪园曰："不能期月守"，不是择而守了，又复不能守。言它所择的，皆是守不牢的，如何算得真知？

♡ 张岱

可均章

《中庸》原典

子曰："天下国家可均也，爵禄可辞也，白刃可蹈也，中庸不可能也。"

译文　孔子说："天下国家可以治理好，高官厚禄可以放弃掉，锋利的刀刃可以践踏而过，中庸之道却不容易做到。"

朋友圈纵横谈（▇ 为原文）

张岱

"中庸之道不容易做到"，指出中庸之道是一种至高无上的德行，很难做到恰到好处、运用圆融，因此说"很难做到"。如果治理国家、放弃官爵、踏过白刃这些事儿能拿捏得恰到好处，这种状态就是中庸之道。

▇ "中庸不可能"，即中庸其至之意，难得恰好，故曰"不可能"。"均""辞""蹈"到恰好处即是中庸。

♡ 　王观涛　杨复所

王观涛

"中庸之道不容易做到",说的是即使尽了全力,也难以做到恰到好处,并不是说中庸无法企及。只是在具体实行中,稍微做多一点就会过了头,稍微降低一点标准便是没达到,总是难以恰如其分。

王观涛曰:"中庸不可能",言难为力,非言绝德也。只是稍增一分便太过,稍减一分便不及,难得恰好。

♡ 张岱 杨复所

杨复所

中庸之道之所以难以实行,是因为不被理解;中庸之道之所以不被理解,是因为难以实行。理解中道,就必须以舜帝为榜样;实践中道,就必须以颜回为典范。不过在躬身履行时,切不可生吞活剥、牵强附会,因此圣人出重锤强调"中庸之道不容易做到"。这一切,核心思想就是"致中和"而已,因此在下面论述到"强"字方面的问题时,依然着重讲到"中""和"的问题。这是贯通开篇数章并一脉相承的脉络。有人会问,天下国家那么复杂难缠的政事都能治理好,而中庸之道真的不能做到吗？我的回答是，像汉高祖、唐太宗那么高明的帝王，都是被认为能治理好天下的人，然而将他们用实践中庸之道来审视，他们能做到吗？还是不能做到呢？他们的雄才大略、聪明才智纵横驱驰、独步古今，但是在实现中庸之道方面，却半点儿也沾不上边，可见要征服天下、治理天下容易，要征服内心很难，只有圣人才能做到。因此，孔夫子从来不敢轻易评价谁做到了中庸之道。

杨复所曰：道之不行由不明，道之不明由不行。明当以舜为法，行当以回为法矣。然亦不可以气力安排，聪明凑合，故曰"中庸不可能也"。亦惟"致中和"而已，故论"强"复说到"中""和"。此数章之血脉也。问天下国家可均，而中庸何以不可能？曰汉高祖、唐太宗皆所谓均平天下之人，而以语乎中庸之道，能乎？不能乎？才力知识能驱驾今古，到得中庸上偏丝毫用不着，故廓清四海易，廓清寸心难，唯圣者能之。夫子自不敢轻以许人。

♡ 王观涛　张岱

问强章

《中庸》原典

子路问强。子曰:"南方之强与?北方之强与?抑而强与?宽柔以教,不报无道,南方之强也,君子居之。衽金革,死而不厌,北方之强也,而强者居之。故君子和而不流,强哉矫!中立而不倚,强哉矫!国有道,不变塞焉,强哉矫!国无道,至死不变,强哉矫!"

译文 子路问怎样才能称得上强大。孔子说:"你问的是南方的强大呢?还是北方的强大?或者是你自心体认的强大?用宽容柔顺的精神去教育人,人家对我蛮横无礼也不报复,这是南方的强大,品德高尚的人具有这种强大。用兵器甲胄当枕席,死而不悔,这是北方的强大,尚武好战的人具有这种强大。因此,品德高尚的人心境和明而不随波逐流,这才是真强大啊!坚守中道而不偏不倚,这才是真强大啊!国家政治清平时不改变志向,这才是真强大啊!国家政治黑暗时能坚持操守,宁死不变,这才是真强大啊!"

朋友圈纵横谈（▨ 为原文）

张彦陵

圣人从"南北之强大"谈到"自身体认的强大"，是告诉人们只有在自身体悟到本来面目，才算得上是傲然独立于滚滚红尘外的男子汉。

▨ 张彦陵曰："强"曰"而强"，政要在自家身上，当下识取本来面目，方是壁立风尘外的汉子。

♡ 袁了凡 张岱

董日铸

为何举例为"南方"和"北方"？就是怕用尘世之内的地名来表述而陷于片面。因此以方向作为比喻，以南北方向来命名，而不是以地名来表述。如果以地名来概说，那么"中""和"做得最好的地方，一定是所谓"天下之中"洛阳的人士。聊作一笑。

▨ 董日铸曰："南方""北方"，所谓游方之内各坠一偏。故以方言，以南北名，非以地言也。如以地言，则"中""和"之强，当必在洛阳之人矣。一笑。

♡ 张彦陵 袁了凡 张岱 朱熹

《四书遇》导读

张岱

　　"强"本来只有一个，如果由人的自然本性中显露，也就是"中""和"；如果以人的禀性气质为基础显露，就表现为南方之强和北方之强。对于这一种不同，一定要从心体中细致入微的地方加以辨别。

　　强，一也，率性而出，则为"中""和"，倚于气禀，则为南北，须从心体入微处辨别。

♡ 张彦陵　袁了凡

张岱

　　把南方之强也称为强，恰恰是孔子要点化子路去思考的地方，这也是他高妙的度人金针。

　　南方亦叫做强，政是点化子路处，是夫子金针。

♡ 张彦陵　袁了凡

袁了凡

　　当今的人只片面追求"心境平和"，却不去理会不要随波逐流；只片面追求"道德中立"，却不去理会不倚靠任何东西。只要心中有一丝一毫犹豫不决的地方，就是随波逐流；只要行为有一点一滴黏糊阻滞的地方，就是有所偏执。如果这两者能够彻底矫正，才是大勇。

> 袁了凡曰：今人只说"和"，不去理会"不流"；只说"中立"，不去理会"不倚"。胸中有一毫依回处，便是"流"；有一些粘滞处，便是"倚"。此处矫得尽，方是大勇。

♡ 张彦陵　袁了凡　张岱

张岱

"和而不流"，是指处在寻常情况下而言的；中立而不倚，是指处在变乱的情况下而言的。和，是与周围的人一样；中立，是与别人不一样。

> "和而不流"，盖以处常言；中立而不倚，盖以处变言。和与人同，中立与人异也。

♡ 张彦陵　袁了凡　朱熹

张岱

有人会问"矫"字真正含义，应这样理解：具备这样品格的人英勇威武，志行高洁犹如白云中的仙鹤，举止潇洒好像碧波上的惊鸿，你就可以想象出强者的气概。

或问"矫"字义。曰：矫矫如云中之鹤，又云矫若惊鸿，可想强者之概。

♡ 张彦陵　袁了凡

张岱

子路问什么是强，孔夫子却答以看似不搭边的"中""和"之道。在"中""和"的理念上树立起"强"字，看似画蛇添足，实际则不然。如果离开"中""和"来解释，"强"字就是没了脊梁骨，是外强中干站不住脚的；如果不从"强"字入手，"中""和"就会缺少精微的义理。因此，将中和之道和"强"字从不同侧面来看，更能体现它的妙处。

子路问"强"，夫子以"中""和"答之。"中""和"上着"强"字，似添足。然不说"中""和"，"强"字无骨子；不说"强"字，"中""和"又无精理。分看更妙。

♡ 张彦陵　袁了凡

朱熹

　　有人请教说：能做到"和而不流"，坐怀不乱的柳下惠完全胜任；能做到"中立而不倚"，不食周粟的伯夷当之无愧。这样说对不对？答："对。"那个人又问：柳下惠做到了"和而不流"，是容易从日常生活中看出来的；伯夷的"中立而不倚"，如何看得出呢？答：举个例子吧，比如周文王礼敬供养老人，伯夷就去投奔；周武王率领军队讨伐殷纣王，伯夷就勒住周武王的马头进行劝谏，希望他尽臣子之道不要讨伐殷商。这就是伯夷"中立而不倚"的具体表现。

　　或问朱子曰："和而不流"，柳下惠足以当之。"中立而不倚"，伯夷可以当之，然否？曰："然。"曰：柳下惠之"和而不流"易见，伯夷之"中立不倚"于何见之？曰：如文王善养老，则伯夷来归。及武王伐纣，则扣马而谏。此便是"中立不倚"处。

　　张岱

【素隐章】

《中庸》原典

子曰："素隐行怪，后世有述焉，吾弗为之矣。君子遵道而行，半涂而废，吾弗能已矣。君子依乎中庸，遁世不见知而不悔，唯圣者能之。"

译文　孔子说："有些人专门研究那些犄角旮旯的学问，做些离奇古怪的事情，用来博取声名，后世也有人为他树碑立传，但我是绝不会这样做的。有些品德不错的人实行中庸之道，但是半途而废，而我是绝不会停步的。真正的君子依照中庸之道而行，即使一生默默无闻不被知晓也绝不后悔，这只有圣人才能做得到。"

朋友圈纵横谈（▇为原文）

张岱

　　避开俗世，是不必断绝世俗生活的。如果不是这样的话，即使孔圣人也是素隐行怪之流了。尧舜居在上位，功德巍巍难以言表，但他们的权力对普通人又有多少影响呢？就像《周易》中的卦象"天山遁"一样，上为乾卦为天，下为艮卦为山，易理中有"遁而隐居之象"，表示即使相遇，也是难以见面的。

　　在尧舜那个时候，又有什么可后悔呢？要理解君子不后悔，是因为他们一生默默无闻遵循中庸之道，而不是因为了解的人少而自抬身价啊。

　　▇遁世不必绝世。若然，圣人亦隐怪矣。尧舜在上，荡荡难名，帝力何有？正如天山之遁，相遇而不相见。尧舜当时，安有悔心？要见君子不悔，正还一世于中庸，非知希自贵也。

♡ 杨复所　吴因之

张岱

如来佛想度化众生，必先度化那些心外求法的外道。如果外道想证悟成佛，事实上只要心头的正念一转即可。"我是绝不会这样做"那句话，体现圣人为了引导人们实践中道，一往情深，而不是严厉批评的意思。

> 如来欲度众生，先度外道。以外道人证佛，一转便是故也。"弗为"一语，接引情深，不是严辟。

♡ 佛陀　杨复所　吴因之

张岱

有些人实行中道半途而废，其原因在"君子遵道而行"这句话里。为什么呢？"遵道"就像小孩子听从老师的传授，本来没有融会贯通，因此不得不半途而废。就像镜子，永远不能看到自己。

> 半涂而废，即在"遵道"句内。"遵"如童子之遵师传，原无浃洽，故不得不废。照弗能已看自见。

♡ 杨复所　吴因之

杨复所

圣者与圣人有不同之处，圣人是历史上作出定论的人，为人们所公认和敬仰；圣者是境界接近圣人的人，但并非为人们所公认，也是人通过努力可以达到的。假如一个人能按照中庸之道努力践行，一生默默无闻也不后悔，便成为圣者，境界并不逊色于圣人。圣者与圣人一个字的差别，蕴含的道理却很奇妙。

杨复所曰：圣者与圣人不同，圣人有定属之名；圣者无定属之名，亦在人为之耳。人倘能依乎中庸，遁世不悔，便是圣者矣，又何让哉？一字之异，其妙如此。

♡ 张岱　吴因之

张岱

生命中依附中庸之道，必须像孩童依附父母一样，如果舍弃中庸之道，那么就没有安身立命的地方。

依中庸，如孩提之依父母。舍中庸，别无安身立命处。

♡ 杨复所　吴因之

吴因之

大多数实行中道而半途而废的人，说到底其出发点是好奇心所支使，最终还是走入素隐行怪那条路。这不是他们的能力不足，而是志向不坚定造成的。

> 吴因之曰：大抵半涂而废，终是好奇之心所使，毕竟归于隐怪之一路。此非力之不足，乃志之不坚也。

♡ 张岱 杨复所

杨复所

这一章，总结了《中庸》第一部分的主要内容，也指出中庸之道难以实行的主要病根。小人违背中庸之道，在实行过程中为所欲为，将"肆无忌惮"当作中庸之道，那是博取声名的心太过于强烈而已；聪明的人高估自己，认识过了头。聪明人和小人的问题都出在这上面。在此处，不被人所知也绝不后悔这一点，就可以将中庸之道难以实行和理解的病根，全部予以清除。

> 杨复所云：此结中庸第一支也。小人反中庸，无忌惮，只是名心大盛，贤知之过俱坐此。到此不知不悔，将道之不行不明病根拔尽。

♡ 张岱 杨复所 吴因之

费隐章

《中庸》原典

君子之道费而隐。夫妇之愚，可以与知焉，及其至也，虽圣人亦有所不知焉。夫妇之不肖，可以能行焉，及其至也，虽圣人亦有所不能焉。天地之大也，人犹有所憾。故君子语大，天下莫能载焉；语小，天下莫能破焉。《诗》云："鸢飞戾天，鱼跃于渊。"言其上下察也。君子之道，造端乎夫妇，及其至也，察乎天地。

译文　君子的中道广大而精微。普通男女即使缺少知识，也可了解中道；但它的最高深境界，即使圣人也有弄不懂的地方。普通男女即使不一定有出息，也可以实行中道，但它的最高深境界，即便是圣人也有难以企及的地方。即使天地如此广大，人们仍有不满足的地方。因此，君子所讲的"大"，大到连整个宇宙都承载不下；所讲的"小"，小到用任何办法都不可分开。《诗经·大雅·旱麓》中说："老鹰飞向天空，鱼儿跃入深水。"就是说上下分明。君子的道，开始于普通男女，但它的最高深境界却昭著于整个天地。

朋友圈纵横谈（ 　 为原文）

张侗初

"费"所表达的是中道的外化状态，充满上下四方，超越宇宙万物，这是"发而皆中节"的"已发"境界；"隐"是中道内在于人的道德意识，藏于心灵的最深处，但却不露行迹，精微深邃而包容万物，这是"喜怒哀乐之未发"的"未发"境界。"费"的广大处，也是"隐"所包含的，正所谓"一粒芥子藏山川"，由一己之身向外扩充，以至于天地万物，无不是致良知的工夫；人们依照善良的本性，择善而行，这就是在实现上天给人的自然禀赋。子思尽全力点拨人们，激发自身取用不尽的自心自性，但难以给出最恰当的表述，只能用"费"字来形容。普通男女能明白的事情，圣人并非都能明白；普通男女能做到的事情，圣人并非都能做到。而圣人有所不知有所不能的地方，就是每个人内心本具的良知，看似是最"隐秘"的地方。然而，只能用"费"来形容，不叫做"隐"。"隐"是自己独知独行的，不可能让别人代你去知道去践行。圣人不可能知道和做到的地方，是"隐"的意思，圣人能知道能做到的地方，也是"隐"的意思。子思给人讲"大"讲"小"、讲

"上下左右",都是随缘说教,借物类推,千万不可执着有个"大小""上下"的东西。只要做到心里不执着,才不会有形形色色的是非纷争。其实,能用语言表达出来的,在人们身边就是饮食男女这类日常生活,最高最远的只能说到天地为止;而天地、普通男女之外,都是无法用语言来形容的,很难说出"隐"的精微之处,因此只能说"中庸之道广大而又精微"。这种表述,实在太妙了,中庸实在是最高的境界!

> 张侗初曰:"费"弥六合也,发也;"隐"藏于密也,未发也。"费"处都是"隐",率性处都是天命也。子思极力要指点天命,而无可说,只得就"费"一形容之。夫妇知,而圣人有不知;夫妇能,而圣人有不能。其有不知有不能处似"隐",然而只谓之"费",不谓之"隐"。"隐"不可以知能言也。不知不能处是"隐",与知与能处亦是"隐"也。语大、语小、语上下,皆不可执着。惟不可执着,故无之非是。其实可语者,近而夫妇,极于天地;天地、夫妇之外,都无可语也,不可语"隐"矣,"费而隐"矣。妙哉,道也,至矣!

♡ 张岱　汪石臣　卓庵

卓庵

中庸之道充满了天地，就有上下左右的分别；存在于圣人愚人之中，就有智慧才能的差距；体现在万物的状态，就有腾飞和跳跃的不同：在这里，无论是多么千差万别，都有一个共同的关键点。这个关键点，体现在大千世界的伟大之处，就是"费"的广大；体现在天理良知的灵魂之处，就是"隐"的精微。

卓庵曰：道在天地，有上下；在圣愚，有知能；在万物，有飞跃：此共是一个机括。机括处是"费"，机括藏处是"隐"。

♡ 张岱　汪石臣　诸理斋

诸理斋

某些人能了解中庸之道，自以为具备了智慧，却变成了小人的肆无忌惮，曲解中道而为所欲为。某些人认为圣人都不晓得，我辈自然不可能弄通弄透，造成了中庸之道难以实行。

诸理斋曰：与知而自以为知，究成小人之无忌惮。不可知而自以为不可知，究成中庸之不可能。

♡ 张岱　汪石臣

张岱

本章把普通男女与天地之道相提并论，是要让人们明白，即使是普通男女，既有愚昧的一面，也有圣贤的一面，将圣人排除在普通男女之外，是很糊涂的做法。

> 经以夫妇对天地，有夫妇之愚，有夫妇之圣，列圣人于夫妇外，殊愦愦。

♡ 汪石臣　诸理斋　卓庵

汪石臣

《周易》的上篇共30卦，从乾卦和坤卦开始，乾坤代表天地，因此《周易》的立意是从天地开始的；下篇34卦，从咸卦和恒卦开始，咸卦有男女交感、进行婚配的意思，恒卦指夫妇白头到老。因此，下篇象征天地生成万物之后，出现人、家庭、社会。男女关系问题，蕴含的也是大道，因此《中庸》的下篇先从男女关系说起，接着再开始讲父子、君臣、兄弟、朋友等问题。可见中庸之道也跳不出这个公认的准则。

> 汪石臣曰：《易》上篇，始于天地，下篇始于夫妇。夫妇亦道之大者，故《中庸》亦先说夫

妇，而下始说及父子、君臣、兄弟、朋友。然君子之道亦不出达道。

♡ 张侗初　张岱　诸理斋　卓庵

张岱

有人问：程颢（号明道）说"老鹰飞向天空，鱼儿跃入深水"，与孟子所说"一定要在求做圣贤的时候，不去预期效验，心里时时想着，不刻意强求进度，任其自然生发"意思相同，可是朱熹（人称紫阳先生）到了晚年时，才由衷地说内心圆融、没有疑惑了。这是为什么？

答案是：孟子所说的"必有事焉而勿正"，君子需遵循中道来加深造诣，希望证得天理良心。圣人借用"鸢飞鱼跃"的妙喻，是自性的天机流露，我们的心何不学习鱼鸟的舒卷自如，致其良知呢？当自己牢固掌握了天理，就能积累深厚，用起来就左右逢源、取之不尽，讲的是同一件事两种表述而已。

▌问：明道谓鸢飞鱼跃与必有事焉勿正之意同，紫阳晚年方云乃今晓然无疑。此是如何？曰：必有事焉而勿正，所谓君子深造之以道也。鸢飞鱼跃则自得之，而居安资深，左右逢源，是一是二。

♡ 程颢　张侗初　汪石臣　诸理斋　卓庵

【不远章】

《中庸》原典

子曰："道不远人，人之为道而远人，不可以为道。《诗》云：'伐柯伐柯，其则不远。'执柯以伐柯，睨而视之，犹以为远。故君子以人治人，改而止。忠恕违道不远，施诸己而不愿，亦勿施于人。君子之道四，丘未能一焉：所求乎子以事父，未能也；所求乎臣以事君，未能也；所求乎弟以事兄，未能也；所求乎朋友先施之，未能也。庸德之行，庸言之谨。有所不足，不敢不勉；有余，不敢尽。言顾行，行顾言，君子胡不慥慥尔？"

译文 孔子说："大道本来不会远离人的生活，如果人们实践大道的方法远离了生活，也就没办法继续了。《诗经·国风·伐柯》中说：'砍削斧柄，砍削斧柄，斧柄的式样就在眼前。'握着斧柄砍削斧柄，看似没什么两样，如果斜眼一看，还是发现差异很大。因此，君子推己及人，不同的人采取不同的教化方式，只要他能修正自心就行。一个人做到忠恕，离道也就不远了，也就是自己不愿意做的事情，不要施加给别人。君子的道有四项，我孔丘一项也难以做到：作为儿子应对父亲做到的，我没有能做到；作为臣民应对君王做到的，我没有能做到；作为弟弟应对哥哥做到的，我没有能做到；作为朋友应该先做到的，我没有能做到。依中道努力实践，按中道标准谨慎言谈。德行有不足的地方，不敢不勉励自己努力；言论占上风，要留有余地。说话要顾及行为，行为要顾及说话，这样的君子怎么会不忠厚诚实呢？"

朋友圈纵横谈（▬ 为原文）

张岱

"大道本来就离人不远"，是指每个人自心具足，不假外求，"离人不远"的"人"，是每个人的意思，不是独指一个人。就如普通百姓饮食起居，而有一个人却追求奇异，不按时饮食起居，时间一久肯定生病。医生给他治病，道理很简单，就是让他与普通人一样，恢复正常的饮食起居就可以了，还需要别的治疗方式吗？要帮助别人，就不要把自己不愿意的事强加于人，否则就像自己喝美酒却劝别人喝毒酒一样，行吗？这样做就大大地背离大道了。

▬ "道不远人"，谓不远于人人之人，非一人之人。譬如众人眠食，而一人独否，则一人病。医者治之，使还于众人之眠食而止矣，更何他求乎？

> 施人以勿愿，譬犹吾欲饮醇而劝人以饮鸩，可乎？其违道远矣。

♡ 谢象三　杨复所　陆景邺　黄贞父　陶石梁　汤霍林　王守溪　张岱

谢象三

上一章告诉人们大道就体现在夫妇人伦之中，这就是"大道本来就离人的生活不远"的引言。这一章不讲孝悌忠信等道德观念，却重点讲述如何做好儿子、大臣、弟弟和朋友，由此可见，大道就产生于人的生活中，作为君子要从中吸取治国理政的营养，针对不同的人采取不同的治理和教化方式。

谢象三曰：上章以道属夫妇，便是"道不远人"的引语。此章不言孝弟忠信，而言子臣弟友，正见即人是道，而君子所以以人治人也。

♡ 杨复所　陆景邺　黄贞父　陶石梁　汤霍林　王守溪　张岱

杨复所

以人治人，圣人的意思并非要你去管治别人，而是要以推己及人的方法管理好自己。因为"大道本来就离人的生活不远",所以君子不断在自己的心上做功夫,直到改善自己的心智模式为止。下面讲到"忠恕"两节,就是以人治人的事情。

> 杨复所曰:以人治人,非去治人也,盖君子以人自治耳。只为"道不远人",故君子"以人治人",改而遂止。下面"忠恕"二节,正是"以人治人"之事。

♡　谢象三　陆景邺　黄贞父　陶石梁　汤霍林　王守溪　张岱

陆景邺

中庸之道,是由自己的本性率真而流溢出来的,不是依靠理性思维去推导出来;忠恕待人,就是要用推己及人的力量,冲破自心与别人之间的隔阂。大道之行与忠恕应用,还是有较为明显的层次,因此履行忠恕不能直接称为"大道",而是说"离道不远了"。

> 陆景邺曰:道,率吾性之自然,不由推致;忠恕,用比拟之功力,剖破藩篱。明是两层,故不即谓之曰"道",而曰"违道不远"。

♡　谢象三　杨复所　黄贞父　陶石梁　汤霍林　王守溪　张岱

张岱

这就要求人们，不能将自己不愿意的事强加于人，常常要求别人做到的，看看自己是否做得到，这大概算是做到忠恕了！大道离人的生活远吗？但是真正在日常生活中接触最多的并可以称为道的，只有忠恕而已。

不以勿愿者施人，常以求人者反己，忠恕也夫！道岂远乎？不远人以为道者，惟忠恕而已矣。

♡ 谢象三　杨复所　陆景邺　黄贞父　陶石梁　汤霍林　王守溪

黄贞父

君子实行中道，绝不可出现过头和不及的现象，所以才叫做"中庸"。过头与不足，都是毛病。这些问题，是个人精神状态过激而不加以约束，因此说"不敢不勤勉"，"不敢把事做绝"。"不敢"两个字用得非常妙，也就是下面"顾"字体现的内在精神。"顾"就是要时时看管好放逸的自心，也就是第一章"戒慎恐惧"的意思。只有时时反观自己的意念，才算得上是履行中道的君子。

黄贞父曰：君子之道无有余不足，故曰中庸。有余不足，皆病也。此病只是精神放肆，故曰

"不敢不勉"，"不敢尽"。"不敢"二字最妙，即下"顾"字精神，即首章"戒慎""恐惧"。有此心神常摄，方是修道君子。

♡ 谢象三　杨复所　陆景邺　陶石梁　汤霍林　王守溪　张岱

陶石梁

"道不远人"这一章的阐述最接近日常生活。"道不远人"，就是离人情世故不远。因此，不近人情的事情，都不能称之为道。在实行中道时，如果以别人没法做到的事情去期望他，把自己不愿去做的事情去强加给别人，以自己不能做到的事情去要求别人，这些都是不近人情的做法。道理很简单，只要在自己与别人相对时稍微去勘察，上下四方、春秋四时的事情就无不了了分明。

▨ 陶石梁曰："道不远人"章，语最切近。"道不远人"，不远于人之情也。是故不近人情之事，皆不可为道。以人所不及望人，以己所不愿加人，以己所不能求人，皆所谓不近人情之事也。只就人己对立时，一加体勘，便六通四辟矣。

♡ 谢象三　杨复所　陆景邺　黄贞父　汤霍林　王守溪　张岱

汤宣城

想那"胡不"和"尔"等字眼,这些通俗的口语表达都是退步的意思,从它上承"道不远人"的意境看,不能拘泥于表达,把赞美当作进步。

汤宣城曰:想"胡不"字、"尔"字,口语俱是退步,直接"道不远人",不得泥赞美作进步说。

♡ 谢象三 杨复所 陆景邺 黄贞父 陶石梁 王守溪 张岱

王守溪

孔子谦虚地说了"四个未能做到",某些人真的认为中庸之道是不可能实现的;如果自己傻乎乎地也跟着认为"不可能",那是在给自己推卸责任。

王守溪云:"未能",正想望中庸之不可能,若呆说"未能",便是自诿。

♡ 谢象三 杨复所 陆景邺 黄贞父 陶石梁 汤霍林 张岱

【素位章】

《中庸》原典

君子素其位而行,不愿乎其外。素富贵,行乎富贵;素贫贱,行乎贫贱;素夷狄,行乎夷狄;素患难,行乎患难。君子无入而不自得焉。在上位,不陵下;在下位,不援上。正己而不求于人则无怨。上不怨天,下不尤人。故君子居易以俟命,小人行险以徼幸。子曰:"射有似乎君子,失诸正鹄,反求诸其身。"

译文 君子安于本职依照中道而行,不生非分之想。处于富贵的地位,就做富贵人应做的事;处于贫贱的状况,就做贫贱人应做的事;处于边远地区,就做在边远地区应做的事;处于患难之中,就做在患难之中应做的事。君子无论处在什么境地,都能够圆融自在。君子身居高位,不欺凌下属;身居低位,不逢迎上级。端正自己而不苛求别人,这样就没有什么抱怨了。上不抱怨天,下不抱怨人。所以,君子安居现状来等待天命,小人却铤而走险妄图获得非分的东西。孔子说:"君子立身处世就像射箭一样,射不中不要怪靶子不正,而要从自身上找原因。"

朋友圈纵横谈（▇为原文）

张岱

　　所谓"素其位而行"的意思，就是在取得某个位置之前，先明确你拿什么立足于此，也即孔子所说的"不患无位，患所以立"，然后才可以自然如意地流转在不同的位置，因此叫做"素"，即本色，也就是个人立足社会的天理良知。这个本色，可以是青色的，可以是黄色的，也可以是其他颜色的，无论如何，君子即使身处黑色之中，也不会被染成黑色，他的本色始终如一，不会改变。他可以自由自在地出入于青黄等众多颜色中，而不会沾染任何颜色，不会改变自己。如果能改变，那么一次被染成其他颜色后，就不可以再次被染了。本身尚未达到那个层次，就企望得到那个层次的东西，叫做"愿"，也就是非分之想。君子因为修得了高尚的道德，确立了生命的本色，取得了应有的位置，在那个位置上又磨炼了个人品质，哪会有什么非分之想呢？"素富贵"等八句话，因为确立了尚未有富贵、有贫贱以及在边远处和患难间的本色，即使身处在这四种环境中，都不会丧失君子应有的道德品质，这就是中道的品性，因此才能说，这是自心反复印证的所得。因为"自得"是出自内心、不假外求的，因此在身外追求也是徒劳的。因为身外之物，随缘聚散，即使未能达到目标也不会怨天尤人，责怪自己没有得到什么。只要照顾好自心，无论身处何地，都是阳光大道；此身之外，无复牵挂，坦然接受命运；用这样良好心态，安居现状来等待天命，就不会出现心怀侥幸的事情了。最后一节，用射箭的礼仪来进一步说明。射箭的人，不去追求外在一百步远的目标，而要将工夫用在短小的箭梢上，用在自己的身心上，才能得到其中三昧，形成自己的本色。此时，再以胜任儿子、大臣、弟弟、朋友的角色作为目标，就没有不命中目标的，因此说射箭背后深藏的道理，"就像一位君子应该做到的一样"。

所谓"素其位而行"者，有所以立于位之先，而后可以转徙于位之中，故曰"素"也。素可以青，可以黄，而君子涅而不缁，其素如一。可以出入青黄之中，而无改焉。使其改，则一染之后，不能更染矣。未至而望谓之"愿"，所谓妄想也。有其素而因其位，于位而得其素焉，又何妄想之有？"素富贵"八句，存其未始有富贵、有贫贱、夷狄、患难之素，而行乎四者之间，故不失乎常，而常得吾体，故曰"自得"也。因"自得"，故不求得。因不求得，所以不怨不得。而随身所处，悉为坦途；一身之外，尽委造化；而居易俟命，无两事矣。末节证之于射。射者，不求于百步之外，而审于扶寸之栝，得其身之素，而以为子臣弟友之鹄，元不中焉，故曰"似君子也"。

♡ 张侗初

张侗初

　　太素，是指天地尚未形成的最初状态，就是大道的起源，也就是人的天理之性，要求每个人按照自己的本能自然，随兴之所至，身在其位并择善而行。如果起心动念不顺从自心率真之性，失去天理良知，就是攀缘于外，存在非分之想了。人的优良品格，即使处于富贵的地位，也不为金钱地位所迷惑；处于贫贱的地位，不因生活艰难而动心；处于边远的地方，不以艰辛险阻而困扰。天地不能决定我的盛衰，别人不能掌控我的顺逆，始终保持超然物外、平易自得的心态，始终保持坦荡安然、崇高明睿的胸襟。做到这样，君子就能通达天地万物于一体而成其大身，因此说，"什么事都要从自身上找原因"。

　　张侗初曰：太素者，道之始也，性也，率性则素位而行矣。起念不依本性，则愿外矣。性者，入富贵而不淫，入贫贱而不乱，入夷狄患难而不惊，天不能造我荣枯，人不能司我顺逆，廓然平易，坦然高明，君子所为通天地万物为大身者也，故曰"反求诸其身"。

张岱

张岱

　　有勇无谋的莽夫弯弓搭箭，祈求能一箭射中靶心，必然会偏离目标。射箭的人手执弧弓、搭箭待射前，必须调节心理，熟悉弓箭情况，然后试试弓的分量，活动手臂，趁着草丛刚长、飞禽走兽一眼就能看到的时机，瞄准目标，百步穿杨，没有射不中的。

　　学习射箭的技术在先，就像人生必先做好道德修养一样，因此称之为"安于所处的位置"；张弓搭箭，得心应手，就像内心调节到位，运用之妙，存乎一心，无所不获，就叫做"自得"。

　　射箭的靶标叫做"正"和"鹄"，都是鸟的名称。鹄，就是鸿鹄；正，就是鴡鸟。鴡鸟身子细小，飞得极为迅捷，因此箭靶就以之为名。

　　莽夫操弧以祈中的，势所必无。持弓审矢，必其素相服习，然后弓劲手柔，兽肥草浅，贯革穿杨，无不如意。学射在先，故曰"素位"；得手应心，故曰"自得"。

　　正、鹄皆鸟名。鹄，鸿鹄也。正，鴡鸟也。鴡小而飞最疾，故取以为的。

♡　张侗初

行远章

《四书遇》导读

《中庸》原典

君子之道,辟如行远,必自迩;辟如登高,必自卑。《诗》曰:"妻子好合,如鼓瑟琴。兄弟既翕,和乐且耽。宜尔室家,乐尔妻帑。"子曰:"父母其顺矣乎!"

译文　君子实行中庸之道,就像走远路一样,必定要从近处开始;就像登高山一样,必定要从低处起步。《诗经·小雅·棠棣》中说:"妻子儿女感情和睦,就像弹琴鼓瑟一样。兄弟关系融洽,和顺又快乐。使你的家庭美满,使你的妻儿幸福。"孔子赞叹说:"这样,父母大概也就称心如意了吧!"

朋友圈纵横谈（▇为原文）

张岱

《诗经》的原意是:要使妻子儿女感情和睦,如同弹琴鼓瑟一样,就必先使兄弟之间和谐,进而彼此和乐融洽,才能真正实现家庭美满、妻儿幸福。由于兄弟妻儿的关系和睦,作为父母的才会称心如意、诸事和顺。看起来是家庭三个层次的关系问题，背后隐含的道理，走远路定要从近处开始，登高山必定要从低处起步。当然，孝顺父母是人之常情，不一定体现登高行远的意志；然而，要让父母心情愉悦，必有要做的事情；这些事情，就是兄弟妻儿的和谐关系，这就是父母心情愉悦的来由。将孝顺父母作为登高行远的志向，并非是说妻儿兄弟的人际关系是低层次的，也不是仅仅表达兄弟融洽、妻儿和乐、父母和顺那么简单，因为做任何事情，都有一个先后顺序。万事循序渐进，欲速则不达，登高行远的意义也就体现在这里了。

《诗经》本解云：虽妻子好合，如鼓琴瑟，必兄弟既翕，而后和乐且耽，则是兄弟真能宜室家、乐妻孥者也。因兄弟及妻子，而父母亦顺。看作三层，实有登高行远之意。父母固不可作高远，然顺父母，必有其自。妻子兄弟，其自也。以顺父母为高远者，非以妻子兄弟皆卑迩者。亦非为翕，为乐，为顺，事事皆有个节级。卑迩在此，高远未尝不在此已。

♡ 孔子

张岱

这里讲到行远路"必须从近处开始"，而这一个"迩"字，它的高远之处，可以穷尽万里之外。

我的身体在这里，才是"从近处开始"的意思。"行远"两个字内涵深刻，必须深入领会。至此，如果还要说"行远路必从近处开始"的话，说明你这颗心还执着有一个"远处"。

▮ 曰"必自迩"，则止有一迩，极而至万里之外。身在此，即自迩也。"行远"二字，须会其意。若说要"行远必自迩"，则仍有远见矣。

张岱

将侍奉父母当作登高行远的志向，看似会使天下那些好高骛远的人心灰意冷。但是，舜帝遵照父命迎娶尧帝的两个女儿，周武王、周公旦通达上天的意旨，善于继承先人意志，这些是体现了高远呢，还是浅近低下呢？

佛教让人出家，这是舍弃人伦的表现；儒者高谈阔论，却无经世致用的能力。两者在这里犯了同样的错误。

▮ 奉父母为高远，则天下好高远之心淡矣。舜受命，武周达于上帝，高远乎？卑迩乎？

佛家遗弃人伦，儒者全无实用，皆于此处蹉。

♡ 舜帝　周武王　周公旦

【鬼神章】

《中庸》原典

子曰:"鬼神之为德,其盛矣乎!视之而弗见,听之而弗闻,体物而不可遗。使天下之人,齐明盛服,以承祭祀。洋洋乎!如在其上,如在其左右。《诗》曰:'神之格思,不可度思,矧可射思。'夫微之显,诚之不可掩,如此夫!"

译文 孔子说:"鬼神的德行真是盛大啊!看也看不见,听也听不到,但却能生养万物而无所不在。它使天下人都斋戒净心,穿着庄重的服装去祭祀它。它好像在你的头上,又好像就在你左右。《诗经·大雅·抑》中说:'神的降临,不可揣测,怎么能怠慢不敬呢?'鬼神之德从隐微到显著,只有用诚心来感知,如此而已!"

朋友圈纵横谈（▮为原文）

陆君启

鬼神是极为虚无的，但人如果极度诚心就会dge感受到它的存在，所以本章这样描述。为什么要将"诚心"与鬼神联结起来，由此而说鬼神是存在的呢？鬼神，人既看不见，又听不到，就连孔子也说"祭神如神在"，鬼神是好像有的，难道是实有的吗？即使真的实有，也不如诚心感受的更真切。

▮陆君启曰：鬼神至无，而诚至即有，故云云。如何将"诚"推在鬼神身上而云实有？鬼神，视不见，听不闻，而曰"如在"，鬼神岂实有者耶？"实有"亦当不得"诚"字。

♡ 陆君 张岱 许白云

张岱

鬼神就是鬼神，因此这一章主要讲到祭祀问题。用天赋之能和教化功用等解释祭祀，都是无视鬼神存在的。

▮鬼神便是鬼神，故通章以祭祀言之。良能、功用等语，可谓罔鬼神也。

♡ 陆君启 许白云

《四书遇》导读

许白云

本章说鬼神在上面，又说在人的左右，是上下左右到处都有鬼神的意思。并不是说可能在上面，可能在左右，虚无缥缈，没有确定的说法。文章中劈头说"使得天下人怎样怎样"，是谁使得的啊？这句话，简直妙到难以形容！

　许白云曰：言在上，又言在左右，充塞都是鬼神。不是或在上，或在左右，恍惚无定之说。劈头说个"使天下之人"，谁使之也？此言最善名状。

♡ 陆君启　张岱

张岱

"中庸"原本是《礼记》中的一部分，是讲述礼仪礼节的。《乐记》中说："人世间既有有形的礼乐，也有无形的鬼神。"在《中庸》全文三十三章里面，嵌入了"鬼神之盛德"这部分，正是说实行礼乐与祭祀鬼神的作用是一致的。

　《中庸》原是礼书，《乐记》曰："明则有礼乐，幽则有鬼神。"《中庸》三十三篇之陟入"鬼神之为德"，政是言礼乐鬼神功用合一处。

♡ 陆君启　许白云

大孝章

《中庸》原典

子曰:"舜其大孝也与?德为圣人,尊为天子,富有四海之内。宗庙飨之,子孙保之。故大德必得其位,必得其禄,必得其名,必得其寿。故天之生物,必因其材而笃焉。故栽者培之,倾者覆之。《诗》曰:'嘉乐君子,宪宪令德。宜民宜人,受禄于天。保佑命之,自天申之。'故大德者必受命。"

译文 孔子说:"舜帝算是具有大孝的人吧?在德行上是圣人,在地位上是天子,财富拥有整个天下。人们在宗庙祭祀他,子孙守住他的功业。因此,有崇高品德的人必定得到他应得的地位,必定得到他应得的财富,必定得到他应得的名声,必定得到他应得的长寿。因此,上天养育万物,必根据它们的禀赋而厚待它们。能成材的就加以培育,不能成材的就加以淘汰。《诗经·大雅·假乐》中说:'高尚优雅的君子,有光明美好的德行。让人民安居乐业,享受天赐福禄。上天保佑他,命他为天子,给他以重大的使命。'因此,有大德的人必定会承受天命。"

朋友圈纵横谈（ 为原文）

张岱

《礼记·礼器》中说："先王在制礼的时候，首先考虑的是要适合时代环境。举例来说，尧传位给舜，舜传位给禹，那是禅让的时代；而商汤放逐夏桀，周武王讨伐纣王，那是革命的时代。这就是与时俱进。"做什么事情，要时时保持中和，也就是君子实行的中庸之道。这里，列举了舜帝禹帝及周文王周武王的例子，是说明中庸之道要与时俱进。这是亘古以来颠扑不破的真理。

《记》云："礼时为大。尧授舜，舜授禹，汤放桀，武王伐纣，时也。"时中，君子之中庸也。历举舜禹文武，中庸善言时也。千古莫破。

♡ 张岱　董思白　李九我

董思白

"有大德的人必定会承受天命"，前提是大德，不必拘泥于个人的命运，而必须从承受天命者看问题。但是，世上某些人总认为颜回德行卓越而短命，原宪洁身自好而居于贫贱，来说明德行虽好命运也可能极差，将孔圣人所说的厚德必受重报的"四必"（必得其位，必得其禄，必得其名，必得其寿），当作一种疑案。他们不理解圣人所说的地位、财富、名声、长寿的因果关系，是在说明道理而不是在具体的命数。

> 董思白曰："必受命"，不必于命，而必于受命者也。而世人妄以颜夭宪贫，将圣人四必之旨作一种疑案。不知圣人之所谓禄位名寿者，论理而不必论数也。

♡ 张岱　李九我　孔子

李九我

"故大德者必受命"，这是总结的语言，应该放在四"必"的前面。因此，四种"必然结果"的前提，必须是有崇高的德行，只有这样必然受命于天。这个"受"字用得非常准确，值得品味。它说明舜帝凭借大德承受天命，并非是老天爷与他有什么私交而授予他。宋朝@张耒的《明道杂志》中说："一升的容器，必定容不下一斗的分量。"两种容器装的东西恰好一样，才叫做受。

> 李九我曰："必受命"应在前。四"必"字前只必之以德，此方是必之以天。"受"字可玩。是舜可以受天之命，非天私之也。语曰："升不受斗"，两边恰好曰"受"。

♡ 张岱　董思白　张耒

无忧章

《中庸》原典

子曰："无忧者其唯文王乎！以王季为父，以武王为子，父作之，子述之。武王缵大王、王季、文王之绪，壹戎衣而有天下，身不失天下之显名，尊为天子，富有四海之内，宗庙飨之，子孙保之。武王末受命，周公成文、武之德，追王大王、王季，上祀先公以天子之礼。斯礼也，达乎诸侯、大夫及士、庶人。父为大夫，子为士，葬以大夫，祭以士；父为士，子为大夫，葬以士，祭以大夫。期之丧达乎大夫，三年之丧达乎天子。父母之丧，无贵贱一也。"

译文　孔子说："古代帝王中，大概只有周文王无忧无虑吧！他有王季这样贤明的父亲，有武王这样勇武的儿子，父亲开创了基业，儿子继承了遗志，完成他未竟的事业。周武王继续着太王、王季、文王未竟的功业，披战袍、率雄师，灭殷商、得天下。周武王这种以下伐上的正义行动，不仅没有失去显赫天下的美名，反而被尊为天子，汇聚天下财富，宗庙享受祭祀，子孙永续不断。武王晚年才承受天命，及至周公才成就了文王、武王的德业，追尊太王、王季为王，用天子之礼祭祀历代祖先，并且把这种礼制一直实行到诸侯、大夫以及士和庶人中间。周公制定的礼节规定：如果父亲是大夫，儿子是士的，父死按大夫的礼制来安葬，按士的礼制祭祀；如果父亲是士，儿子是大夫的，父死按士的礼制安葬，按大夫的礼制祭祀。守丧一年，通行到大夫；守丧三年的礼制，上至天子都能使用。至于给父母守丧，没有贵贱的区别，天子、庶人都是一样的。"

朋友圈纵横谈（▨为原文）

张岱

@周文王臣服听命于殷商，周武王最终取得殷商的天下。如果以世俗的眼光来看，带给周文王忧患的，无非是周武王以臣子的身份革命了。但是，从实践中庸之道来说，从家族利益出发扩大到以国家利益出发，虽然是重新建立了一个新的江山，但因是正义的事业，孔夫子才说他是继承了父亲的遗志，继承了先辈未竟的功业；才说他成就了卓越的品德，弘扬了孝道，才算是善于继承前人的遗志，善于记述前人的功业。@周武王发动大军到达古渡孟津，试探伐商的可能性；周文王在位时，已经取得三分之二的天下，仍然殷勤服事殷商；孔夫子将这两件事并做一桩事来讲，表达的都是一片为天下百姓谋幸福的赤子之心。以武力讨伐暴虐君主的事业，因而可与舜帝承受天命的伟大事业相提并论，这是子思的本意。

> 文王以服事殷，武王竟取殷天下。以俗论，贻文王忧者，莫武王若矣。以中庸论之，化家为国，虽是另起一番事业，而夫子方以为述，方以为缵，方以为成德，方以为孝，方以为善继善述；将观兵孟津与有二服事之念打作一桩事，会成一片心；而放伐之业，竟可与大舜同其受命。此子思之旨也。

♡ 周文王　周武王　韩求仲

张岱

这一节，信手拈出周太王的事迹，表明不仅仅是一代人开基创业的；而末节点出周公制礼、代代流传的例子。能做到这样，周文王何忧之有？"周武王继续着太王、王季、文王未竟的功业"，这件事体现在"父亲开创了基业"的里面，已经包含周文王的功德；"周公才成就了文王、武王的德业"，也是体现在"儿子继承父亲遗志"的里面，也是包含周文王的功德。由此可见，周武王及周公开基创业，大展雄风，都是在实现周文王心中的理想，文王还有什么忧愁呢？

　　📖 此节拈出太王作前有作。末节拈出周公述后有述。安得有忧？"武王缵太王王季文王之绪"，则是"父作之"内，已兼有文王；"周公成文武之德"，则是"子述之"内，亦兼有文王。可见肇基鹰扬，皆文王意中事，何忧之有？

♡ 韩求仲

韩求仲

　　周文王一生忧于家国，倍加劳苦，哪里会无忧无虑呢？可见，子思提供一个新的角度来认识文王，是颠覆人们对文王的认识。

　　📖 韩求仲曰：文王一生忧勤。子思此论是翻案。

♡ 张岱

张岱

　　本章既然说，"守丧三年的礼制，上至天子都能使用"；为何又说，"给父母守丧，没有贵贱的区别，天子、庶人都是一样的"，不是重复矛盾吗？事实上，按照周礼来说，需要守丧三年的规

111

定，不仅仅是父母之丧。如果嫡长孙为祖辈、父亲为长子、丈夫为妻子守丧，就像天子与普通百姓一样，都是按照同样的礼制守丧的。当年周景王的穆后去世，同一时期太子寿也去世了。这时，贤臣叔向说，"天子一年中有了两次三年之丧"，因此着重强调说："给父母守丧，没有贵贱的区别，天子、庶人都是一样的。"这一段话朱熹批注中没有详细说明，我特地在这里指出来，以供学者参考。

本文既曰，"三年之丧，达于天子矣"，又曰，"父母之丧，无贵贱一也"，不几重复乎？三年之丧，不独父母也。適（编注：同"嫡"）孙为祖，为长子，为妻，天子达于庶人，一也。周穆后崩，太子寿卒，叔向曰，"王一岁而有三年之丧二焉"，故复曰："父母之丧，无贵贱一也。"此段朱注未明，予特拈出以示学者。

♡ 韩求仲

达孝章

《中庸》原典

子曰："武王、周公其达孝矣乎！夫孝者，善继人之志，善述人之事者也。春秋修其祖庙，陈其宗器，设其裳衣，荐其时食。宗庙之礼，所以序昭穆也；序爵，所以辨贵贱也；序事，所以辨贤也；旅酬下为上，所以逮贱也；燕毛，所以序齿也。践其位，行其礼，奏其乐，敬其所尊，爱其所亲，事死如事生，事亡如事存，孝之至也。郊社之礼，所以事上帝也；宗庙之礼，所以祀乎其先也。明乎郊社之礼，禘尝之义，治国其如示诸掌乎！"

译文　孔子说："周武王和周公是守孝道的最好典范啊！所谓孝道，就是好好地继承先人的遗志，好好地传述先人的事迹。在春秋两祭的时节，整修祖宗庙宇，陈列祭祀器具，摆设祖先衣裳，进献应时美食。宗庙的礼仪，用来安排左昭右穆的顺序；祭祀时按爵位排序，用来区分贵贱；祭祀时各司其事，用来辨出贤能之人；祭祀完宴饮时，晚辈必须先向长辈敬酒，这样祖先的恩惠就会延及到晚辈；宴饮时按头发的颜色来决定宴席坐次，这样就能使老小长幼秩序井然。站在先王祭祀时的位置上，行先王之礼，演奏先王时代的音乐，尊敬先王所尊敬的，爱护先王所爱护的。侍奉死去的先人就像侍奉活着的人一样；侍奉亡故的亲人就像侍奉他还活着一样，这是孝的至高境界。举行郊社之礼祭拜天地，是用来侍奉天地的；举行宗庙之礼，是用来祭祀祖先的。明白了祭祀天地的礼节、祭祀先祖的意义，治国之道就像孔子所说的看自己的手掌那么容易！"

朋友圈纵横谈（▨ 为原文）

姚承庵

这里所说的"达孝"，是承接上一章的"达"字而来，意思是说，周武王和周公率先垂范，不仅自己尽到最大的孝道，而且还推行到社会生活的各个方面，使全社会形成了恪尽孝道的氛围。"孝道"是每个人应具的美德，人人都必须行孝尽孝。武王、周公继承先辈未竟功业，成就卓越德行，不仅是自身尽到孝道，而且普遍影响到诸侯、大夫以及士、庶民等各个阶层中，使人们都按照自己的身份践行孝道。这个孝道，是遍及于家庭、邦国以至于整个天下的，因此孔夫子用"达孝"两字来概括。

📌 姚承庵曰：此"达孝"即承上章"达"字来。"孝"是人的庸德，人人所欲尽者。武王、周公缵绪成德，不特身尽其孝而达乎诸侯、大夫及士庶人，使皆得因分以自尽，则其孝是达之家国天下者，故夫子以"达孝"归之。

♡ 韩求仲　张元岵　张岱　周公

韩求仲

本章重点讲述宗庙的礼仪一节，是治国理政的关键环节，也是达孝在社会生活中发挥影响。

📌 韩求仲曰：宗庙之礼一节，是下文治国机关，亦即是达孝作用。

♡ 张元岵　张岱　姚承庵

张元岵

上面讲到宗庙的礼仪，接下来又说到祭祀天地，尤其是讲到祭祀祖先的意义，从中反映出祭祀天地的主要旨趣，就包含在祭祀祖先之中，不是讲两个不同的事情，而是一回事。后代之人粗疏，将祭祀天地看成头等大事，却将祭祀祖先当作普通家事。圣贤讲述的道理，能小中见大，反之也能大中见小,所以才称之为"达",即通达。

> 张元岵曰:已前说宗庙,此说郊社,却又于禘尝说个义字,政见得享禘精神,就苞酝在享亲里面,不是两番作用。若在后人,便把郊社看作天大来事。禘尝作平等观耳。圣贤道理,小中见大,大中见小,所以为达。

♡ 韩求仲　张岱　姚承庵

韩求仲

辨别贤才,并非是辨别他贤能与否那么简单。如果没有建立有效的机制,贤人就会隐没,根本不可能辨别他的品格和才能。

> 韩求仲云:辨贤也,非辨贤否也。不序,则贤隐,无以辨其贤之品第才能。

♡ 张元岵　张岱　姚承庵

张岱

《尚书·虞书》中记载舜帝的事迹,舜在尧的太庙接受了禅让的册命,于是向天帝报告继承帝位的事,又祭祀了天地四时,祭祀山川和群神,就可

《四书遇》导读

以无为而治。那个时候天人接近，帝王治理国家大事，大多数在无形的鬼神上做文章。及至后代世事变乱，即使是同族的人都会互相倾轧，纷乱不已，人们没功夫去研究这些事情了。

《虞书》记舜，只是类于上帝，禋于六宗，望于山川，徧于群神，便了却垂裳作用。尔时天人相去不远，帝王经纶，大半在幽明鬼神上做工夫。已后宇宙多事，同气之伦，脊脊扰扰，无暇问及此矣。

♡　韩求仲　张元岵　韩求仲　姚承庵

张岱

有人请教，什么才是祭祀祖先应有的意义？自从成周开始为诸侯时，只能实行秋天的尝祭来祭祀祖先。当周武王取得天下并成为天子后，就从尝祭发展出春天的禘祭，又从禘祭发展出祭祀天地的郊社之祭，这个过程不就说明它的意义了吗？

人问何为禘尝之义？盖周始为诸侯，止用得尝。及为天子，乃因尝而达之于禘，因禘而达之于郊社，岂非有义！

♡　韩求仲　张元岵　韩求仲　姚承庵

118

问政章

《中庸》原典

哀公问政。子曰："文武之政，布在方策，其人存，则其政举；其人亡，则其政息。人道敏政，地道敏树。夫政也者，蒲卢也。故为政在人，取人以身，修身以道，修道以仁。仁者人也，亲亲为大；义者宜也，尊贤为大。亲亲之杀，尊贤之等，礼所生也。在下位，不获乎上，民不可得而治矣。故君子不可以不修身，思修身不可以不事亲，思事亲不可以不知人，思知人不可以不知天。"

"天下之达道五，所以行之者三。曰：君臣也，父子也，夫妇也，昆弟也，朋友之交也。五者天下之达道也。知、仁、勇，三者天下之达德也。所以行之者一也。或生而知之，或学而知之，或困而知之，及其知之，一也。或安而行之，或利而行之，或勉强而行之，及其成功，一也。"

子曰："好学近乎知，力行近乎仁，知耻近乎勇。知斯三者，则知所以修身；知所以修身，则知所以治人；知所以治人，则知所以治天下国家矣。"

"凡为天下国家有九经：曰修身也，尊贤也，亲亲也，敬大臣也，体群臣也，子庶民也，来百工也，柔远人也，怀诸侯也。修身则道立，尊贤则不惑，亲亲则诸父昆弟不怨，敬大臣则不眩，体群臣则士之报礼重，子庶民则百姓劝，来百工则财用足,柔远人则四方归之,怀诸侯则天下畏之。齐明盛服,非礼不动,所以修身也。去谗远色,贱货而贵德,所以劝贤也。尊其位,重其禄,同其好恶,所以劝亲亲也。官盛任使,所以劝大臣也。忠信重禄,所以劝士也。时使薄敛,所以劝百姓也。日省月试,既禀称事,所以劝百工也。送往迎来,嘉善而矜不能,所以柔远人也。继绝世,举废国,治乱持危,朝聘以时,厚往而薄来,所以怀诸侯也。凡为天下国家有九经,所以行之者一也。"

"凡事豫则立,不豫则废。言前定则不跲。事前定则不困。行前定则不疚。道前定则不穷。"

"在下位不获乎上,民不可得而治矣。获乎上有道:不信乎朋友,不获乎上矣。信乎朋友有道:不顺乎亲,不信乎朋友矣。顺乎亲有道:反诸身不诚,不顺乎亲矣。诚身有道:不明乎善,不诚乎身矣。"

"诚者,天之道也;诚之者,人之道也。诚者,不勉而中,不思而得,从容中道,圣人也。诚之者,择善而固执之者也。博学之,审问之,慎思之,明辨之,笃行之。有弗学,学之,弗能弗措也。有弗问,问之,弗知弗措也。有弗思,思之,弗得弗措也。有弗辨,辨之,弗明弗措也。有弗行,行之,弗笃弗措也。人一能之,己百之;人十能之,己千之。果能此道矣,虽愚必明,虽柔必强。"

译文　　鲁哀公请教如何为政。孔子回答说:"周文王、周武王治国理政的策略措施,都记载在典籍上。他们在世时,这些政策就实施;他们去世后,这些也就废弛了。以人才施政,政治就可以迅速昌明;以沃土植树,树木就可以迅速生长。说起来,政事就像芦苇一样,可以很快就见到变化的。所以政事的关键在于人才,选拔人才取决于自身修养,修身立己在于遵循大道,遵循大道要从仁义做起。仁就是爱人,关爱亲族是最大的仁。义就是事事做得适宜,尊重贤人是最大的义。至于说关爱亲族要分亲疏,尊重贤人要有等级,这都是礼的要求。因此作为君子,不能不注意自我修养;提高修养的关键,在于侍奉好双亲;侍奉双亲的关键,在于了解人性;了解人性的关键,在于了解天理。"

"天下仁道体现在五个方面,用来实践这五个方面的方法有三条。五个方面是:君臣、父子、夫妇、兄弟、朋友之间的交往,这五方面是天下的仁道。智、仁、勇三条是天下最崇高的品德,这三条实行起来结果是一样的。有的人生来就知道,有的人通过学习才知道,有的人要遇到困难后才知道,但只要知道了就是一样的了。又比如说,有的人自觉自愿地去实行,有的人为了利益才去实行,有的人勉勉强强地去实行,但只要实行了就都一样。"

孔子说:"好学的人,离智者也就不远了;竭尽全力去实践,离仁者也就不远了;时刻把荣辱记在心上，离勇者也就不远了。知道这三点，就知道凭什么修身，知道如何修身，就知道凭什么管理他人，知道如何管理他人，就知道凭什么治理天下和国家了。"

"治理天下国家有九条原则：修养自身，尊敬贤人，爱护亲族，敬重大臣，体恤众臣，爱民如子，劝勉工匠，善待外人，安抚诸侯。修养自身，就能树立符合周礼的道德；尊重贤人，就不会对道理产生怀疑；爱护亲族，伯叔兄弟之间就不会怨恨；敬重大臣，就不会遇事张皇失措；体恤众臣，士人们就会竭力报效；爱民如子，老百姓就会忠心耿耿；劝勉工匠，国家财政就会富足；善待外人，四方百姓就会归顺；安抚诸侯，天下的人都会敬畏了。像斋戒那样净心虔诚，穿着庄重整齐的服装，不符合礼仪的事坚决不做，是为了修养自身；驱除小人，疏远女色，看轻财物而重视德行，是为了尊崇贤人；尊重亲族的名分，给以丰厚的俸禄，与他们爱憎相一致，是为了爱护亲族；多置普通官吏供大臣差遣，使他们集中精力想大事，是为了敬重大臣；真心诚意待士人，较多俸禄养他们，是为了体恤众臣；使用民役不误农时，少收赋税，是为了爱民如子；经常视察考核，按劳付酬，是为了招纳工匠；来时欢迎，去时欢送，嘉奖有才能的人，救济有困难的人，是为了善待外人；延续绝后的家族，复兴灭亡的国家，治理祸乱，扶持危难，按时接受朝见，赠送丰厚而纳贡菲薄，是为了安抚诸侯。总而言之，治理天下国家有九条原则，但实行起来结果都是一样的。"

"任何事情，事先做好预案就会成功，没有预案就会失败。说话先有准备，就不会中断；做事先有准备，就不会受挫；行为先有准备，就不会后悔；道路预先选定，就不会走投无路。"

"作为下级，如果得不到上级的信任，就不可能治理好百姓。上级信任是有办法的：得不到朋友的信任也就得不到上级的信任。朋友信任是有办法的：不孝顺父母就得不到朋友的信任。孝顺父母是有办法的：自己不诚心就不能孝顺父母。以诚立身也是有办法的：不明白什么是善，就不能以诚立身。"

"真诚是上天的本性，效仿上天真诚的本性，就是每个人应遵循的道路。真诚的人，不用勉强就能做到不偏不倚，恰到好处；用不着动脑筋，做事情就能够马到成功；在任何时候都是处变不惊、从容泰然，永远都在中庸之道上，这样的人是圣人。努力做到真诚，就要选择美好的目标并执着追求。博采众长地学习，刨根问底做学问，辩证思维想问题，明辨是非与得失，脚踏实地地实行。要么不学，学了没有学会绝不罢休；要么不问，问了没有懂得绝不罢休；要么不想，想了没有想通绝不罢休；要么不分辨，分辨了没有明确绝不罢休；要么不实行，实行了没有成效绝不罢休。别人用一分努力就能做到的，我用一百分的努力去做；别人用十分的努力做到的，我用一千分的努力去做。如果能做到这样，虽然愚笨也一定可以聪明起来，虽然柔弱也一定可以刚强起来。"

朋友圈纵横谈（▮为原文）

张岱

　　孔夫子在一生中，有关治国理政的论述很多，但都是片言只语，都不如这一次回答鲁哀公详细。子思将这次言论着重地写进了《中庸》，足以见得孔夫子虽没有像舜那样得到禅让的机遇，没有像周武王那样有讨伐纣王的武功，也没有像周公那样摄政当国的权力，但是天下国家经世致用的思想，无不应有尽有；由此可见，尧舜以来传承的治国理政和文化精神的脉络，都尽归于孔夫子的掌握中。

　　当时鲁国政权旁落、君威衰微，主要原因是尊卑高下的等级系统出了问题，王权被当政的季孙等三家大夫所控制。孔夫子在与鲁哀公的交谈中，隐约地讽谏了这两方面的弊政，充满了无限的机锋。

　　▮ 夫子论政多矣，莫详于告哀公。子思采入《中庸》，以见夫子无舜之遇，无武之功，无周之权，而其天下国家之作用无不备足；则尧舜以来之统，所以归之夫子也。

　　当日公室衰弱，全因等杀不明，故政在大夫。夫子藏此二语，有无限机锋。

　　♡　谢象三　徐自溟　李崆峒　韩求仲　王显甫　罗文恭

谢象三

在国家中建立明确亲族的关系和尊卑的等级关系，就会使人们更加真心实意地敬爱尊长和父母。

谢象三曰：有等有杀，尊亲益笃。

♡ 张岱 徐自溟 李崆峒 韩求仲 王显甫 罗文恭

张岱

现在这里有一片田地，如果没有种植树木利用其肥沃，就等同于瓦砾之地而荒弃。虞舜的时候，即使将共工、驩兜、鲧（大禹的父亲）、有苗氏（三苗）四个凶神流放到四方，也没有引起祸乱；纣王的时候，即使朝廷中有微子、箕子、比干三位贤人，但却使国家灭亡了。治理国家就像耕地，使用人才的关系重大着呢！

今有壤地于此，无树木以取滋膏腴，与瓦砾等弃耳。虞不以四凶乱，殷反以三仁亡，取不取之所系大矣。

♡ 谢象三 徐自溟 李崆峒 韩求仲 王显甫 罗文恭

徐自溟

这里不说"义亲序别信"等核心词,不说君臣之义、父子之亲、兄弟之序、夫妇之别、朋友之信,只是列举了君臣、父子、兄弟、夫妇、朋友几个方面,这是因为人伦本身就是大道的体现,说明大道就没有离开人伦关系,就在日常生活中,在日常的伦理道德中。因此才说,"仁,就是爱人"的思想,将人伦讲透了,大道就出现了。

徐自溟曰:不言义亲序别信等字,而只列言君臣父子夫妇兄弟朋友者,盖即人即道也,道不远人也。故曰,"仁者,人也",言人不必更言道矣。

♡ 张岱　谢象三　李崆峒　韩求仲　王显甫　罗文恭

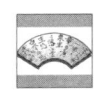

李崆峒

治国理政的要务,关键在于选贤任能,如果不是贤能的人而使用他,就是没有将官位当成官位;取用人才,关键在于德才兼备,如果不是德才的人而取用他,就是没有将人才当成人才。不将人才当人才,还振振有词说"世上没有人才";不将官位当官位,还振振有词说"世上没有可当官的人",

哪里有什么天理啊！孟子指出："虞国不用百里奚这样的人才而灭亡，秦穆公任用他就称霸天下。"开国功臣刘基、徐达固然是元朝时代成长的人，由于得到太祖朱元璋的重用，而使明朝兴盛起来。从这些例子来看，世上是有人才呢？还是没有人才呢？

▌ 李崆峒曰：为政在人，非其人而用之，则不官；取人以身，非其身而取之，则不人。不人而曰"世无人"；不官而曰"世无官"，有是理哉？孟子曰："虞不用百里奚而亡；秦穆公用之而霸。"刘基、徐达固元生之也，我太祖用之而兴。世无人耶，有人耶？

♡ 张岱　谢象三　徐自溟　韩求仲　王显甫　罗文恭

韩求仲

孔子曾经列举的治理国家的九条原则，其中指出：要"劝勉工匠"，让他们安居乐业，这是因为明君为了国家富足，很多财政收入来自各行各业的赋税，因此必须降低税率，才能使国库充盈。这些道理，事实上是后世齐国管仲、秦国商鞅治国之术的源头。

▌ 韩求仲云："经"曰："来百工"，盖圣王足国俱取诸工，故薄敛而国用足，此管商诸书之祖也。

♡ 张岱　谢象三　徐自溟　李崆峒　王显甫　罗文恭

王显甫

为什么不说诸侯敬服，而说天下敬服呢？因为天下敬服就包含了诸侯都拥护的意思，没有谁敢欺侮。

王显甫曰：不曰列辟畏之，而曰天下畏之，则还是诸侯拥护，内外莫侮意。

♡ 张岱　谢象三　徐自溟　李崆峒　韩求仲　罗文恭

张岱

至于讲到"诚"与"诚之"的两个不同解释，事实上内涵虽有两种，对人却是一人，并非有两个人两个道。可惜的是当时世道昏暗，又有谁能真正理解孔夫子的意思和苦心呢？"诚"的问题，就是要真诚，有诚意，这个诚意是发自内心的，并非有了成就后才能显现，其实在你躬身践行时，诚意就

> 顿然产生了。
>
> ▮ "诚"与"诚之"有两解，无两人。世眼瞆瞆，谁能解此？不是功力尽后见诚，就下手时，便是诚处。

♡ 谢象三　徐自溟　李崆峒　韩求仲　王显甫　罗文恭

罗文恭

真诚的心，是不能从大脑思维中去获得的，否则假如你的大脑没有这个思维的影像，就找不到诚心了；同理，也不能固守着一个所谓的诚心的存在，如果你一旦心念旁移，诚心也就不见了。要使这个天理良知从内心中昭然透出，随时本身具足、应用自如，不从大脑的思维中获得，也不是从内心的存取而来，一定是内心一点灵明油然而生，悠然广阔，无边无际，与众不同，毫不费力就处于不需思虑、不需存取的自然状态。"中"的内涵是不可思议的，"和"的境界是不能强力去做的。不需要思维，就能得到所想得到的，可以认为是达到"中"的境界；不需要勉强自己，就能做到随心所欲、恰到好处，可以认为是达到"和"的境界。因此，要真正做到"中"，要发自内心，它是努力思维也得不到的；要真正做到"和"，要顺其自然，它是倾尽全力也得不到的。

> 罗文恭云：落思想者，不思即无；落存守者，不存即无。欲得此理炯然，随用具足，不由思得，不由存来，此中必有一窍生生，夐然不类，易无思无为也。"中"不可思议，"和"不可作为。不思而得，可以想"中"；不勉而中，可以想"和"。致中者，着想不得；致和者，着力不得。

♡ 张岱　谢象三　徐自溟　李崆峒　韩求仲　王显甫

张岱

在古代，尧帝舜帝之间的迎揖逊让，商汤周武王的征伐诛灭，周公率军东征连利斧都砍钝了，这些辉煌的历史故事，惊天动地，骇古震今。即使是我们这些后人看来，也是吓得说不出话来。为什么这些光辉事迹，在圣人的心中流淌而出，却是像日常穿衣吃饭那样自然随性，不需要丝毫的勉强？这才是潇洒从容的妙处，也是中庸之道的妙处。

> 古来尧舜揖逊，汤武征诛，周公破斧等事，惊天动地，骇古震今。即自后人观之，颇为咋舌。何以自圣人出之，却是吃饭著衣，不惹分毫勉强？此从容之妙也，此中庸之妙也。

♡ 谢象三　徐自溟　李崆峒　韩求仲　王显甫　罗文恭

张岱

中庸之道的种子拿到手，工夫自然就非常朴实，既不显山露水，也没有什么精彩炫目的，因此才叫"实实在在地落实"，才能做出成效，才能明了中庸之道。博学、慎思、审问、笃行这几个阶次，都是圣人接引学人的方便法门，就像禅宗大德接引学人的诸多方便一样。到了"虽愚必明""虽柔必强"的状态，这些所谓的方便法门都用不上了，因此说："身体没有病了，就要去掉对药物的依赖；要归乡回家，就不要去询问路程有多远。"

明辨处种子到手，功夫自然朴实，不露一些精采，故曰"笃行"。博学、慎思、审问、笃行，都是方便法门。到得"明""强"，方便都用不着，故曰："无病仍除药，还家莫问程。"

♡ 谢象三　徐自溟　李崆峒　韩求仲　王显甫　罗文恭

诚明章

《中庸》原典

自诚明,谓之性;自明诚,谓之教。诚则明矣,明则诚矣。

译文　由内心真诚而明白事理,是人的本性;从明白事理而启发真诚之心,是道德教化。一念真诚,事理昭然明白;事理昭然明白,更加激发真诚。

朋友圈纵横谈（▰为原文）

张岱

《中庸》开篇说,上天赋予人的禀赋叫做本性,依照中道而有的修行工夫即是教化,"性"与"教"名虽不同,都来自内心这个根源。这里说,"自诚明谓之性,自明诚谓之教",看似修行的两条不同道路,其实是殊途同归的。佛教经典《楞严经》中说:"性觉妙明,本觉明妙。（性觉就是人佛性的自我显现,因妙有而能显现世界万法;本觉是人本具的觉察能力,因能显现世界万法而妙有）"孙继鲁注释说:"寂然无闻的真心把有形有相的万法照耀显现出来,就叫做妙明;在万法照耀显现的同时,真心又是寂然无闻的,这叫做明妙。"就是《中庸》中这句话的意思。

　　天命之谓性,修道之谓教,异名只是同源。"自诚明谓之性,自明诚谓之教",两路总归一路。《楞严经》上说"性觉妙明,本觉明妙"。松山注云:"即寂而照曰妙明;即照而寂曰明妙。"即此意也。

♡ 佛陀

张岱

　　《论语》中没有专门讲述"诚"的问题,《中庸》才开始阐述。周敦颐说:"真诚,是不需要思虑的;真诚,是顺势而没有造作的。"他这样解释"诚"字,真正点出了要旨,其他解释都是曲解。

　　本章首两句,是《中庸》第一章"天性"和"教化"方面的深入分析,后面两句是前一章所讲的"为政"获得成功的关键一环。由真诚而明白事理,就像钻木取火一样,哪能取不到呢?一旦取到就足够了。由明白事理而进一步启发诚心,就像一边向别人借火种,一边又寻找燧木一样,却不知燧木中就能生火,事实上只要得到燧木,就无需再去借火种了。既然将火生起来了,哪里还有火种和燧木的差别?因此,由真诚而明白事理,并没有离开教化;由明白事理而激发诚心,也必须顺应本性。

■ 《论语》无"诚"字,《中庸》始言之。周子曰:"诚无思,诚无为。"此解"诚"字之妙旨也。别解皆非。

首二句即首章"性""教"之分,下二句即前章成功之一。诚明者,如燧取火,何尝不取?取之随足。明诚者,如乞火觅燧,不知燧中有火,到得有燧,无用乞火矣。火既到手,岂有二耶?故诚明未尝废"教",明诚未始不率"性"。

尽性章

《中庸》原典

唯天下至诚,为能尽其性;能尽其性,则能尽人之性;能尽人之性,则能尽物之性;能尽物之性,则可以赞天地之化育;可以赞天地之化育,则可以与天地参矣。

译文　只有天下真诚到极致的人,才能将自己的天赋本性发挥到极致;能将自己的本性发挥到极致,就能将别人的本性发挥到极致;能将别人的本性发挥到极致,就能将万物的本性发挥到极致;能将万物的本性发挥到极致,就能帮助弥补天地生成万物之不足;能帮助弥补天地生成万物之不足,就可以与天地并列为三才了。

朋友圈纵横谈（▇ 为原文）

张侗初

什么叫"至"？就是"没有声音没有气味到了极点"中"极点"的意思。什么叫"尽"？就是以天地万物与我为一体。至诚是人的本性。只要做到至诚,一念良知,本性浑然具足,哪会有不尽之处？尽性就是尽人性和尽物性的意思。就像将各种檀香沉香混合在一起，哪怕是燃烧极为微小的一点，就会散发出各种香料的味道；就像在大海中畅游，哪怕是汲取极为细小的一滴，它也会融汇了江河湖泽的波涛。真正拥有一切的，是无边无际的虚空；无处不在观照的，是清净常寂的本心。这就是将天赋的本性发挥到极致的含义。

张侗初曰：何谓"至"？"无声无臭，至也。"何谓"尽"？天地万物为一体，尽也。诚即性也。诚至而性浑然全矣，有何不尽？尽性即是尽人性、尽物性也。譬如和合诸香，爇一尘具足众气；沐浴大海，掬微滴用匝百川。无不有，乃无际之虚空。无不照，乃无尘之净境。此尽性之义也。

♡ 张岱　杨复所

杨复所

我们儒家的学说，本来是把尽人性、尽物性作为肩负的责任，将弥补天地生成万物之不足作为毕生的工作。那些不真诚的人，因为虚伪就不能充分发挥其本性，最终落得和草木一样腐朽而不会留下什么。极端真诚的人，能够将天赋本性发挥到极致，与天地并立为三才。远离哪一种，效法哪一种，每个人都要自己选择。

《四书遇》导读

> 杨复所曰：吾儒之学，原以人物为担子，化育为生涯。作伪者，不能尽其性，遂与草木同朽腐。至诚者，能尽其性，则与天地并立而为三矣。孰去？孰取？人其择之。

♡ 张岱 张侗初

张岱

人的本性能够生成天地，弥补天地生化万物之不足。天地万物必须凭借人的本性才能存在，人的本性却不依靠天地而存在，这样才可以与天地万物并立为三才。每个人都要深入体认诚的本体与自性的本体。无借虚饰，就是真诚。有此真诚，人的本性才能应用自如，不陷于凭空守寂。自心通达自在，没有障碍，就是本性。有了这个本性，真诚就不会停留于大脑思虑和造作。

> 性生天、生地，故可以赞天地之化育。天地万物依我性而立，我性不依天地万物而立，故与天地万物并立而为三。人须要识得个诚体性体。无假之谓诚。有此诚，故性用不沦于空寂。无碍之谓性。有此性，故诚境不滞于思为。

♡ 杨复所 张侗初

致曲章

《四书遇》导读

《中庸》原典

其次致曲,曲能有诚。诚则形,形则著,著则明,明则动,动则变,变则化。唯天下至诚为能化。

译文　比圣人略逊的贤人,专心致志地探索某一方面事物,也能具有真诚。真诚发挥作用就能了知事物真相,从而对事物产生影响,事物受到影响就会发生改变,有了改变就可以提升到新的境界。在普天之,唯有极致的真诚,才能改变和提升事物。

朋友圈纵横谈（▇ 为原文）

张岱

什么叫做"曲"？我说,就像石头里面隐藏着冒出火星的潜能,一击打就会迸现火星,并能传递散布。什么叫做"化"？就像石头里的火星冒完了,石头也就灰飞烟灭了。

"致曲"的意思，就是针对事物的细微、幽深之处，竭尽全力探明它的真相。一旦真正明白了，就一切都明白了，这只有天下极端的真诚才能做到。探求事物的最为细微之处，需要日积月累和循序渐进，直到某一天豁然开朗，成功的结果都是一样的。

何谓"曲"？曰：火在石中，击石传火。何谓"化"？曰：火出石尽，灰飞烟灭。致曲者，委曲而致之也。一了百了，惟至诚能之。致曲却须积渐，到得透露处，成功则一。

♡ 姚承庵

姚承庵

"曲"即是竭尽全力成就某事的意思，不要把它理解成偏颇。至诚的圣人，不用勉强就能做到，不用思考就能明白，自然而然就能最大限度发挥出天性，多么直接了当！那些立志接近圣人的，一定要择善固执，广博地学习，敢于怀疑，深入思考，辨明真理，忠实践行，这个过程是非常曲折的！这些工夫有一项做不到，善行就不会彰明，诚心就不会显现。因此说："专心致志地探索某方面的事物。"

姚承庵曰："曲"即曲成之曲，不当作偏字

解。诚者不思不勉，自然能尽其性，何等直截！其次则必择善而固执之。要博学，要审问，要慎思、明辨、笃行，何等曲折！此等一不推致，即不能明善诚身矣。故云"致曲"。

♡ 张岱

张岱

"只有天下极致的真诚，才能化育万物"，专心致志于某一方面的贤人，在这方面和圣人也是一样的。这句话包含有这层意思。

"唯天下至诚为能化"，而致曲者亦与之同矣。语意如是。

♡ 姚承庵

前知章

《中庸》原典

至诚之道,可以前知。国家将兴,必有祯祥;国家将亡,必有妖孽。见乎蓍龟,动乎四体。祸福将至,善,必先知之;不善,必先知之。故至诚如神。

译文　人达到极端真诚的境界,就可以预知未来。国家将要兴盛,必然有吉祥的征兆;国家将要衰亡,必然有不祥的反常现象。这些都可以通过占筮占卜反映出来,也可以通过人们的动作威仪表现出来。祸福将要来临时,是福可以预先知道,是祸也可以预先知道。因此说,人能达到至诚的境界,就可以如同神明一样无所不通。

朋友圈纵横谈（▇为原文）

顾泾阳

本章不说真诚到极致的人，而是说人的真诚到了极致的境界，这种表述非常准确。就如当今一些平常人，对于别人的是非利害，都能较为准确地预测到，是因为他自己没有置身于局内，没有一分一毫的私欲掺杂在里面，所以看得清清楚楚。这也是本章所说的"至诚之道"的内涵。

▇ 顾泾阳曰：不说至诚之人，而说"至诚之道"，极是。凡今之庸人，于他人之是非利害，无不预先知之，只为自己不在局内，无一毫我私参入其中，便自眼清，此即所云"至诚之道"也。

♡ 顾泾阳　许白云　张侗初

张岱

"至诚如神"，不是说至诚的神奇，而是说至诚的平常无奇。天下的道理都是很平常的，如果秉持事物好与坏的道理，借助于占筮占卜和对动作威仪的观察，兴旺衰败都是能预测出来的。所用的都是平常的道理，但普通人并不知道。普通人不

《四书遇》导读

知道这些，可一旦真诚做到极致却可以知道，因此至诚就被称为"像神明一样"，而它平常无奇的本质却被忽视。《周易》中的《乾文言》，赞美乾卦的九二爻辞"见龙在田，利见大人"，说它指的是"日常的美德如何践行"，"日常的行为如何做到中道"，而最终达到"德行博大而能感化万民"的境界。化育百姓是从平常无奇中做到的，像神明一样是从极端真诚中产生的，二者的意义是一样的。

▨ "如神"，非言至诚之神，正言至诚之庸也。天下莫庸者理，执其善不善之理，而后著龟灵，四体著，兴亡可卜。庸而已矣，而人不知也。人不知，而至诚知，故至诚有"如神"之称，而没庸常之实。《易》之赞见龙也，曰"庸德之行（编注：《易·文言》作"庸言之信"）"，"庸行之谨"，而继之"德博而化"，化从庸出，神从诚出，其旨一也。

♡ 孔子　顾泾阳　许白云　张侗初

张岱

这一节文字的内容，也还是在讲述中庸之道，与前面诸章所讲述的意思是一致的，比如：《费隐章》中所讲的"君子的道广大而又精微"，《不远章》的"忠恕之道"，《素位章》的"君子安于现在所处的地位去做应做的事，不生非分之想"，

《行远章》的"君子实行中庸之道,就像走远路一样,必定要从近处开始;就像登高山一样,必定要从低处起步",《鬼神章》的"鬼神的德行可真是大得很啊!看它也看不见,听它也听不到,但它却体现在万物之中使人无法离开它",等等。

此节书总是言中庸,犹费隐、忠恕、素位、行远自迩、鬼神体物之意。

♡ 顾泾阳 许白云 张侗初

张岱

达到至诚的境界而能预知未来的事情,也只不过是吉兆、妖邪、占筮占卜、动作威仪、善与不善这些东西。而这些体现的都是中庸之道,并非有什么荒诞的奇门术数。

见得至诚前知,亦只是祯祥、妖孽、蓍龟、四体、善不善耳。皆中庸之道,非有奇怪术数也。

♡ 顾泾阳 许白云 张侗初

张岱

樊哙请教陆贾说:"自古以来,帝王是顺从天意、接受天命的。他们出生或治世清平时,就会有人说是天降祥瑞以应之,有没有这回事啊?"陆贾说:"有的。就像日常生活中,突然眼皮跳,一般有人请吃饭,灯花闪烁会得到意外之财,喜鹊呱呱叫就会知道客人来,蜘蛛集结在一起就会好事多。生活小事可以看到预兆,国家大事也是这样。"

樊哙问陆贾曰:"自古人君受命于天,云有瑞应,岂有是乎?"贾曰:"目眴得酒食,灯花得钱财,乾鹊噪而行人至,蜘蛛集而百事喜。小既有征,大亦宜然。"

♡ 顾泾阳　许白云　张侗初

许白云

祯字,即贞正,有坚贞端方的意思。人们如果躬身行善,上天就会以吉祥的征兆郑重地告知他。祥字,即祥瑞,有周详审慎的意思。上天要降临人间祸福的事情,会事先以吉兆或凶兆的形式,周详审慎地告知人们,让他们省悟。

许白云曰:祯者,正也,人有以善,天以符瑞正告之。祥者,详也。天欲降以祸福,先以吉凶之兆详审告悟之。

♡ 张岱　顾泾阳　张侗初

张岱

《说文解字》中说："穿着打扮离奇古怪，歌谣隐含讽喻之辞，草木长势奇特，就会被称为妖；异乎寻常的飞禽走兽和蝗虫等危害庄稼的害虫，都被称为孽。"@许慎

《说文》云："衣服谤谣草木之怪谓之妖，禽兽虫蝗之怪谓之孽。"

♡ 许慎　顾泾阳　许白云　张侗初

张岱

子路请教孔子说："猪羊的肩胛骨灼后同样可以得到兆，用藋苇藁芼这些草同样可以得到数，为什么一定要用蓍草和龟甲呢？"孔子说："不是这样说的。我想大概只是取蓍和龟这两个名字的含义吧。称之为蓍，是代表生存时间长；龟则是代表年代久远。使用它们，是指出要辨明疑惑不定的事情，应该请教德高望重的人。"@孔子 @子路

子路问孔子曰："猪肩羊髀可以得兆，藋苇藁芼可以得数，何必以蓍龟？"孔子曰："不然，盖取其名也。夫蓍之为言耆者，龟之为言旧也，明狐疑之事当问耆旧也。"

♡ 孔子　子路　顾泾阳　许白云　张侗初

151

张侗初

政治清明或混乱，体现的是时运；占卜蓍草和龟甲，揭示的是命运；人体四肢，表现的是神态气质。灾祸祥瑞依托时运而显现，预感迹象通过占卜术数而显现，容貌神态伴随身体而显现。这些都是人的现象，不是天的层次。如果要说生来就有而且先于人的感觉经验和实践的东西，那就只是至诚。它能对事物未来的好坏进行的预知，是在运用吉兆、妖邪、占筮占卜、动作威仪这些东西之前。这种预知是人天性的能力，能够转动天地却不居功自傲，能够促成万物变化成长而不动声色，因此说"人能达到至诚的境界，就如同神明一样"。有人说至诚能预知未来，就像鬼神说有就有、说无就无一样，可以使人与天地并列为三才，弥补天地生成万物之不足，就是这个原因。

张侗初曰：治乱，运也；蓍龟，数也；四体，形也。灾祥乘运而见，征兆偶数而生，形神依身而立。总谓之人，不谓之天。若论先天，却有个至诚之道在。善不善先知者，知之于祯祥、妖孽、蓍龟、四体之先也。先知是性中之知，旋转天地而无功勋，变化万物而无声色，故曰"至诚如神"。谓至诚前知之道，如鬼神之有有无无，而参三才赞两间者，以此也。

♡ 张岱　顾泾阳　许白云

【自成章】

《中庸》原典

诚者,自成也;而道,自道也。诚者,物之终始,不诚无物。是故君子诚之为贵。诚者,非自成己而已也,所以成物也。成己,仁也;成物,知也。性之德也,合外内之道也,故时措之宜也。

译文 诚,是自我完善、自我实现、自我成就的意思;道,是自我引导的意思。真诚,贯穿于万物的始终,没有真诚就没有宇宙万物。所以,君子以真诚作为最高追求。真诚,不仅仅是自我完善、自我实现、自我成就而已,还要去成就外物。成就自己,是仁的表现;成就万物,是智慧的表现。真诚是人自性具足的品德,是自我与他人、主体与客体、内心世界与外部世界的一体之道,所以什么时候运用都可以。

朋友圈纵横谈（▇为原文）

张侗初

尽性，是在人性和物性两方面尽全力发挥；个人的自我完善、自我实现、自我成就，以及自我引导，却只能在成就万物上成就。这是为什么呢？因此本性并没有两个，人性与物性是同一的，所以至诚之所以能够自我成就、自我引导，与成就万物始终是一致的。人性和物性，都同样是上天赋予的本性，既是成就万物、穷尽变化的所在，也是成就自己、完整圆满的所在。因此说，这是"任何时候运用都是可以的"。时，是至诚之性能成就万物的神妙潜能和外在作用。"诚"，就像一个人的全部。什么叫做"仁"？就像一个人的血脉与元气；什么叫做"智"？就像人的身体有一个地方有痛痒，全身都感知到，它是血脉与元气能够觉察的所在。"仁"和"智"，都是"诚"的别名而已。

▇ 张侗初曰：尽性，即尽人物之性上尽；自成自道，只在成物上成。何以故？性无二，故诚之所以自成自道，即物之所以成始成终。同一天命之性，所以成物尽变处，乃是成己完满处，故曰"时措之宜"。时者，德性中成物妙用也。"诚"，如人一身然。何谓"仁"？一身之血脉元气也。何谓

"知"？一处痛痒，满身皆知，血脉元气之觉处也。"仁""知"俱"诚"之别名。

♡ 沈虹台　杨复所　张岱　袁七泽　许敬庵　邓定宇

沈虹台

"诚之为贵"，"诚之"即君子在人生中如何正心诚意，隐含着的工夫，也就是"择善固执"——选择追求人生真诚的崇高理想，然后死心塌地地走下去。"故"字，是紧接上文而言的。

沈虹台曰："诚之为贵"，"诚之"字内有工夫，"择""执"是也。"故"字紧领上说。

♡ 张岱　张侗初　杨复所　袁七泽　许敬庵　邓定宇

杨复所

人成就外物，就容易说成是人的"仁德"，这里却说是"智慧"，表述非常妙。一个人，有责任有魄力承担世界，有肩挑乾坤的胸怀和抱负，如果没有十分过人的胆识及卓绝的才智，是不可能做到的。这就是《大学》里面说的诚意，必先了解事物；《中庸》里面说的以至诚立身行事，必先了解善为何物。如果缺乏"智慧"，那么"仁"就是一个人自我成就的"小仁"而已。

> 杨复所曰："成物"，容易说"仁"，而此独说"知"，极妙。盖凡欲担当世界，肩荷乾坤，非有过人之识、绝世之智者决不能。此所以《大学》说诚意，必先致知，《中庸》说诚身，必先明善也。若非"知"，则"仁"亦一人之"仁"耳。

♡ 张侗初　沈虹台　张岱　袁七泽　许敬庵　邓定宇

张岱

《大学》《中庸》都是经世致用的经典，所说的断然不是虚妄的。

> 《学》《庸》俱经世之书，其言断乎不妄。

♡ 张侗初　沈虹台　杨复所　袁七泽　许敬庵　邓定宇

袁七泽

"真诚"蕴含于事物之中，就像佛家所说的空性蕴含在事物的形态中，又如春天蕴含在花草树木中，既摸不到它的形状，也找不到它的踪迹。人们说它是没有的，却不知实体的存在都是依赖"真诚"的力量。没有"真诚"，也就没有万物。就如没有空性，各种形态怎能显现？如果没有春天，万物怎能生长发育？

> 袁七泽曰："诚"之在物，如空在诸相中，春在花木里，抟之无形，觅之无迹。人谓其无，而不知实有者，皆仗"诚"力。无"诚"，无物矣。譬如无空，安能发挥诸相？非春，安能生育万物？

♡ 张侗初　沈虹台　杨复所　张岱　许敬庵　邓定宇

许敬庵

诚，是自我成就；道，就是自我引导。总归都是自己的责任。然而有自己就一定有外物，外物都是由自己一念至诚所统一。所以"真诚，贯穿于万物的始终，没有真诚就没有万物"。就像君臣、父子、夫妇、兄弟、朋友之间的关系，一旦不真诚，就会相互产生隔阂，这就是"没有真诚就没有万物"的意思。因此，"真诚"成就自己的方法，和成就万物是一致的。

> 许敬庵曰：诚自成，而道自道，总是责成于己。然有己必有物，而物皆统于吾之一诚，故曰："诚者，物之终始，不诚无物。"如君臣、父子、

夫妇、兄弟、朋友之间，一有不诚，便皆乖隔，此"不诚无物"也。故"诚"所以成己，即所以成物。

♡ 张岱　张侗初　沈虹台　杨复所　袁七泽　邓定宇

邓定宇

"合"字，是融会贯通的意思。"将内心与外物融会贯通"，就是说没有内外的分别。不说"合内外"，而说做"合外内"，是和合天下万物于一体，如那些飞禽走兽、潜龙游鱼及所有的动植物，和合于自身的血气和心智；外物的生长及收成，和合于自身的感觉和运动。如果没有外物相和合，那么也就无所谓内了。这并不是故意把内外合在一起来说的话头儿。

📖 邓定宇曰："合"者，浑合之谓。"合外内"，犹云无外无内。不曰"合内外"，而曰"合外内"，盖合外之飞潜动植，乃为内之血气心知；合外之生长收成，乃为内之知觉运动。不合外，原无所谓内也。不是合内外而为言的话头。

♡ 张岱　张侗初　沈虹台　杨复所　袁七泽　许敬庵

159

无息章

《中庸》原典

故至诚无息。不息则久，久则征，征则悠远，悠远则博厚，博厚则高明。博厚所以载物也，高明所以覆物也，悠久所以成物也。博厚配地，高明配天，悠久无疆。如此者，不见而章，不动而变，无为而成。

天地之道可一言而尽也。其为物不贰，则其生物不测。天地之道：博也，厚也，高也，明也，悠也，久也。今夫天，斯昭昭之多，及其无穷也，日月星辰系焉，万物覆焉。今夫地，一撮土之多，及其广厚，载华岳而不重，振河海而不泄，万物载焉。今夫山，一卷石之多，及其广大，草木生之，禽兽居之，宝藏兴焉。今夫水，一勺之多，及其不测，鼋鼍、蛟龙、鱼鳖生焉，货财殖焉。

《诗》云："维天之命，于穆不已。"盖曰天之所以为天也。"于乎不显，文王之德之纯！"盖曰文王之所以为文也，纯亦不已。

译文　至诚在成就自己、成就万物的作用是永不停息的。不停息就会保持长久，保持长久就会显现出来，显现出来就会持久绵长，持久绵长就会广博深厚，广博深厚就会高大光明。广博深厚就能承载万物，高大光明就能覆盖万物，悠远长久就能生成万物。广博深厚就像大地，高大光明就像高天，悠远长久则是永无止境。达到这样的境界，至诚无需显示也会彰显,无需运动事物就会改变,无所作为就会有所成就。

天地之道,可以用一个"诚"字来概括:天地并不是两回事,所以生长万物多得不可估量。天地之道,就是广博、深厚、高大、光明、悠远、长久。这个天,不过是由一点点的光明聚积起来的,可等到它无边无际时,日月星辰都靠它维系,世界万物都靠它覆盖。这个地,不过是由一撮撮的泥土聚积起来的,可等到它广博深厚时,承载像华山那样的崇山峻岭也不觉得重,容纳众多的江河湖海也不会泄漏,世间万物都由它承载了。这个山,不过是由拳头大的石块聚积起来的,可等到它高大无比时,草木在上面生长,禽兽在上面栖息,宝藏在里面储藏。这个水,不过是由一勺勺聚积起来的,可等到它浩瀚无涯时,鼋鼍、蛟龙、鱼鳖等都在里面生长,贵重的珍珠珊瑚等都在里面繁殖。

《诗经·周颂·维天之命》中说:"是那上天天命所归,多么庄严啊没有止息!"大概是说天之所以为天的原因吧。"多么庄严啊光辉显耀,文王的品德纯正无比!"大概是说文王之所以被称为"文"的原因吧,他的纯正是精进不已的。

163

朋友圈纵横谈（▇为原文）

张岱

　　这里不直接说"天地是一样的"，而是说"天地并不是两回事儿"。"不是两回事"与"一样"的意思相差很大，所以解读时不可以"一"来代替"不二"。

　　▇ 不曰"天地之道一也"，而曰"为物不二"。"不二"与"一"相去甚远，解者不当以"一"代"不二"。

♡ 邹肇敏　韩求仲　杨复所　周海门　张侗初

邹肇敏

　　二是"一"产生的。只要有了一，义理就会消隐而生出数。"不二"内涵丰富，不能用"一"来简单概括。只要一探讨"一"，就有一阳一阴，奇偶相配，偶数出尽就是奇数，这才是"不二"的意思。

　　▇ 邹肇敏云：二从一生也。既有一，即理隐而数出，"不二"非可以"一"喻也。才言一，即耦去而奇存，此方是"不二"。

♡ 张岱　韩求仲　杨复所　周海门　张侗初

张岱

"博厚、高明、悠久"六个字,是指人的至诚外化于大千世界的作用,不能说人与天地同样都有这些体性。圣人与天地共同的体性是至诚,而不是博厚、高明、悠久这些特征。

"博厚"六字是功用,不可云同体。圣人与天地同体在至诚,不在博厚、高明、悠久。

♡ 邹肇敏　韩求仲　杨复所　周海门　张侗初

韩求仲

"博厚"等六个字反复出现、重点强调,事实上是指至诚的外在作用,也指出天地也具有同样的德性。六个"也"字意义重大,值得细细品味。

韩求仲云:"博厚"等字面上俱再见,此不过点出天地亦如是耳。试味六"也"字。

♡ 张岱　邹肇敏　杨复所　周海门　张侗初

张岱

老子在《道德经》第二十五章说："有一种姑且称之为物的，混混沌沌、无边无际、无象无形、浑然一体，早在开天辟地之前就已经存在。"《周易·系辞下》中说："天地间阴阳二气绞缠不清，跟一团乱麻、一团软乎的棉絮一样。"《周易·系辞上》又说："由阴而阳或由阳而阴，如此循环往复直至无穷，这就是生成天地万物的路径，可以称之为道。"这些叫做"物""天地""道"的，并非由一个阴生，也并非由一个阳生，不说是有一种"物"混混沌沌、浑然一体，又能怎样说好呢？这就是所谓的不二。

老子曰："有物混成。"《易》曰："天地氤氲。"又曰："一阴一阳之谓道。"不一于阴，不一于阳，非有物混成而何？所谓不二也。

♡ 邹肇敏　韩求仲　杨复所　周海门　张侗初

杨复所

这里说，天虽然高大光明，却是由一点点的光明聚积起来的；地虽然广博深厚，却是由一撮撮的泥土聚积起来的；山虽然高大无比，却是由拳头大的石块聚积起来的；水虽然浩瀚无涯，却是由一勺勺聚积起来的。通过天地山川的形成讲述了一个道理，事物都是从小到大累积而成的。一个人要达到至诚的境界，也应该是这样积小成大吧？

> 杨复所云：此言天之高明，本生昭昭；地之博厚，不越撮土；山之广大，本起卷石；水之不测，由于一勺。言天地山川，积小致大。为至诚者亦如此乎？

♡ 张岱 邹肇敏 韩求仲 周海门 张侗初

张岱

至诚与天地一样，就像天地有了动静交替而产生万物，人的自身也因为动静交替而逐步完成至诚本性的锻造；因为有了像春夏秋冬一样的变化，而使至诚的运用从无间断。就像奇妙的震、巽、坎、离、艮、兑六个卦象，阴阳交替，自然流转，使至诚的修养像日夜一样没有停息。

> 虽分动静而物本混成，属有贞元而运无间断。妙六子以无端，通昼夜而不息。

♡ 邹肇敏 韩求仲 杨复所 周海门 张侗初

周海门

"不显"与"于穆",都是说明圣人和天地庄严而又光辉显耀、崇高而又永不停息的意思,难道说"不显"有什么不妥吗?

周海门曰:"不显"与"于穆"同谓之,岂"不显"者非也?

♡ 张岱　邹肇敏　韩求仲　杨复所　张侗初

张侗初

天地不是两回事,可以在生成山河大地、日月星辰、草木虫鱼中体现出来,这些东西天天在生成,无穷无尽,也正体现了天地的生成变化从没有停息。如果将天地"于穆"的表象当成生生不息,那么生机活力就寂灭了。至诚才是生生不息的,显现为博厚、高明和悠久。万物变化不已,是至诚之性从不停息的外在显现。如果将"不显"看成是生生不息,那么至诚无所不在的神妙作用就会被掩盖了。人的喜怒哀乐之"发",也就是"未发",因此充分发挥人性,就是充分发挥物性;成就万物,就是成就自己。一直以来,本体无不是通过发生作用才体现的。这就是《中庸》之所以被人们认为把天命之性讲得最好的原因。

▌张侗初曰：天地不二，见之于河岳、日星、昆虫、草木，日发生而无尽者，天地之不已也。若以"于穆"为不已，则天地之生机寂矣。至诚不息，见之于博厚、高明、悠久，变化而无穷者，至诚之不已也。若以"不显"为不已，则至诚之妙用掩矣。盖发，乃是未发，尽人性，乃是尽物性，成物，乃为自成。从来本体，未有不见之作用者。此《中庸》之所为善言天命之性也。

♡ 张岱　邹肇敏　韩求仲　杨复所　周海门

大哉章

《中庸》原典

大哉！圣人之道。洋洋乎发育万物，峻极于天。优优大哉！礼仪三百，威仪三千，待其人而后行。故曰苟不至德，至道不凝焉。故君子尊德性而道问学，致广大而尽精微，极高明而道中庸。温故而知新，敦厚以崇礼。是故居上不骄，为下不倍。国有道，其言足以兴；国无道，其默足以容。《诗》曰："既明且哲，以保其身。"其此之谓与？

译文　圣人之道，真是太博大了！它滋育万物，广阔无际，高大到可以通达上天。它充足有余，包含的"礼"非常全面和细致，总纲有三百条之多，细目有三千多条，等待圣贤君子出现而实施。因此说："如果不具有最高的德行修养，最高的大道便不能融会贯通。"因此，君子既要重视内在的品德，又要讲求学问；既要致力于达到广博深厚的境界，又要尽心钻研事物的精微之处；既要致力于达到高大光明的境界，又要使行为合于中庸之道。既要熟悉旧的知识，又要不断认识新的事物；既要笃实厚道，又要娴习礼仪。只有这样，才能处在上位而不骄横失礼，处在下位而不违逆抗拒。当国家有道的时候，他的言行足以使国家兴盛；在国家无道的时候，自己默默而行足以保全自己。《诗经·大雅·烝民》中说："既能明德又知变，据此保全我之身。"大概说的就是这个道理吧？

朋友圈纵横谈（▰为原文）

管登之

本章所说的"发育"，就是陶冶的意思。万物蒙昧未开化的时候，就去开启引导，叫做"发"；初步开发以后，再加以培养，就叫做"育"。

▰ 管登之曰："发育"，陶冶之意。蒙昧而开导之，曰"发"；既开而培养之曰"育"。

♡ 张岱 朱熹 韩求仲 张侗初

朱熹

发育就是春天播种、夏天成长、秋天收成、冬天储藏的过程，这本身已经是圣人之道。难不成还要圣人亲自去发育它，才算圣人之道么？

▰ 朱子曰：发育，则春生、夏长、秋收、冬藏，便是圣人之道。不成须要圣人发育？

♡ 张岱 管登之 张侗初

《四书遇》导读

韩求仲

《中庸》这本书原来是《礼记》中的一部分，从讲述个人要做到"戒慎""恐惧"，培养优良的品德，到最后修养到处处合乎中道，喜怒哀乐未发之时，处于"中"的状态，发而皆中节之"和"的状态；这样，就把中和的道理全面普及，促进天地万物各安其所，各遂其生。这里是溯本探源，并由此概括其变化。

韩求仲曰：《中庸》一书原属《礼记》，自戒慎而直至中和位育，特究其原而尽其变耳。

♡ 张岱　管登之　张侗初

张岱

世间维护@陆九渊的学人，往往说"我主张尊德性"，维护@朱熹的，又往往说"我主张道问学"。这就像以前有两兄弟分家，将所有的家具如桌椅之类的，通通劈成两半而平分，这样分劈看上去很公平，但两家却都没办法用了。这不是太可惜了吗？

世为陆象山者，则曰"我尊德性"；为朱晦庵者，则曰"我道问学"。昔有兄弟两分其遗赀，诸凡桌椅之属，悉中裂而半破之。虽曰无不均之

> 叹，两不适于用矣，岂不惜哉！

♡ 朱熹　陆九渊　管登之　韩求仲　张侗初

张侗初

> 使四面八方都受到影响而广泛响应，叫做"兴"；隐居起来，不为世人知晓却不会后悔，叫做"默"。
>
> 📖 张侗初曰：四方风动谓之兴，遁世不悔谓之默。

♡ 张岱　管登之　韩求仲

张岱

> 本章开头，不称赞圣人之道为"大哉道"，而说成"大哉！圣人之道"，就是为"待其人而后行"这句话埋下的伏笔。
>
> 📖 不赞"大哉道"，而曰"大哉！圣人之道"，便为待其人句作张本矣。

♡ 管登之　韩求仲　张侗初

【自用章】

《中庸》原典

子曰:"愚而好自用,贱而好自专;生乎今之世,反古之道。如此者,灾及其身者也。"非天子,不议礼,不制度,不考文。今天下车同轨,书同文,行同伦。虽有其位,苟无其德,不敢作礼乐焉;虽有其德,苟无其位,亦不敢作礼乐焉。子曰:"吾说夏礼,杞不足征也。吾学殷礼,有宋存焉。吾学周礼,今用之,吾从周。"

译文　孔子说:"如果一个人心智愚昧却喜欢凭主观意愿行事,地位卑贱却喜欢独断专行;如果他生于当代,却想实行古代的做法。这样做,灾祸一定会降临到他的身上。"不是天子就不要议订礼制,不要制定法律,不要考订文字规范。现在全天下车子轮距一致,文字统一,伦理道德相同。虽有相应的地位,如果没有相应的德行,是不敢制定礼乐制度的;虽有相应的德行,如果没有相应的地位,也是不敢制定礼乐制度的。孔子说:"我谈论夏朝的礼制,可是夏朝的后裔杞国已不足以验证它;我学习殷朝的礼制,殷朝的后裔宋国还残存一些;我学习周朝的礼制,现在还实行着它,所以我遵从周礼。"

朋友圈纵横谈（▇ 为原文）

张岱

> 孔子传承历代的礼制，对夏朝的礼制只是说"我谈论"而已，对周朝的礼制说是"学习"，对商朝的礼制也说是"学习"，是因为周朝和商朝的礼仪制度，在现实生活中还存在。
>
> 但是，孔子对"殷朝的后裔宋国还残存一些它的礼制"，只是学而没有传承，正是说明他没有违反原则，因为这些残存的殷朝礼制，本身已经不清楚了。
>
> ▇ 夏礼只言"吾说"，周礼言"学"，殷礼亦曰"学"，有存焉故也。"有宋存焉"而不从，正见不倍。从来瞆瞆。

♡ 孔子

张岱

> 这一章同时讲到德业、名位和时机的问题，当然不仅仅是为处在下位的人而讲的，它的主要旨趣是推重孔夫子传承周礼的意思。人们大概只知道，有地位而没有德业的人是不能议订礼制的；却不知道有德业却没有地位的人，也同样是不能议订礼制

的。因此，这个"亦"字须细细地品味。所以，孔夫子尊崇并传播周礼，就是与时俱进。时机恰当，也就是中庸之道的体现。假如由孔夫子来修订前朝的器物典制，除了改革君主的礼帽之外，难道就没有别的改变了吗？

@ 何如宠（字康侯）认为孔子编撰《春秋》一书时，采用"春王正月"的纪年表述方法，是沿袭夏朝时期的历法制度，那就是没有真正理解这一章的内涵。

此章并陈德、位、时，固不止为在下言也，而大意则归重于夫子从周之意。盖人知有位无德之不可作，而不知有德无位之亦不可作。"亦"字须玩。故夫子之从周，所以从时也。时之所在即中庸矣。向令夫子改物，而王冕之外，岂无损益乎？而康侯以春王正月谓夫子行夏之时，则亦未达于此章之旨矣！

♡ 孔子　何如宠

三重章

《中庸》原典

王天下有三重焉，其寡过矣乎。上焉者虽善无征，无征不信，不信民弗从。下焉者虽善不尊，不尊不信，不信民弗从。

故君子之道，本诸身，征诸庶民，考诸三王而不缪，建诸天地而不悖，质诸鬼神而无疑，百世以俟圣人而不惑。质诸鬼神而无疑，知天也；百世以俟圣人而不惑，知人也。是故君子动而世为天下道，行而世为天下法，言而世为天下则。远之则有望，近之则不厌。《诗》曰："在彼无恶，在此无射，庶几夙夜，以永终誉。"君子未有不如此而蚤有誉于天下者也。

译文　治理天下能做好礼仪、法度、文字规范这三件重要的事，也就没有大的过失了吧！前代君主制定的礼制虽然好，但已经无所考证；没有考证，就不能使人相信；不能使人相信，百姓就不会服从。不在其位的君子，政治主张虽然好，但却没有尊崇的地位；没有尊崇的地位，就不能使人相信；不能使人相信，百姓也不会服从。

因此君子之道，最根本就要从自身做起，用自己的行动使百姓信任；考证于夏商周三代先王的礼制没有差错，把它在天地之间加以实施没有什么悖谬，质证于鬼神没有疑问，等到百世以后圣人出现了也不会感到迷惑。质证于鬼神没有疑问，这表明懂得了天道；等到百世以后圣人出现了也不会感到迷惑，这表明懂得了人道。因此，君子的举动能世世代代成为天下的规范，他的行为能世世代代成为天下的法度，他的言谈能世世代代成为天下的准则。无论远处还是近处的人，都会仰慕他，而不会厌烦他。

《诗经·周颂·振鹭》中说："在那里没有人憎恶，在这里没有人厌烦，日日夜夜操劳啊，永远保持好名望。"君子的修养没有达到这个程度，要想早早在天下万古留名，是不可能的。

朋友圈纵横谈（▬为原文）

汤霍林

君子在议订礼仪、制定法度、考订文字规范之前，自身已经对礼仪、法度、文字规范都成竹在胸了，因此下文说"治国之道，应从自身做起"，如果泛泛而说，就会混乱而不得要旨。

▬ 汤霍林曰：未议、未制、未考之前，已通身是礼、是度、是文，故曰"本诸身"，泛说便混。

♡ 张岱　宋羽皇　项仲昭

宋羽皇

前代的礼制虽然好，但已经无所引证，就像一个人的前生前世一样，是过去身；不在其位的君子政治主张虽然好，但却没有尊崇的地位，就像一个人的来生来世一样，是未来身；这个称为"本诸身"的，就像一个人的今生今世这个直接维持生命的自身，虽然是说德行，但应有的时机和地位已经具足了。

▬ 宋羽皇曰：无征之身，过去身也；不尊之身，未来身也。曰"本诸身"，便知其为现在持世之身矣，言德而时、位已寓。

♡ 张岱　汤霍林　项仲昭

项仲昭

本章中讲到"征诸庶民,考诸三王而不缪"等字句,是讲明无论是礼制、法度还是文字规范,是说得到印证,而不是说用一个既定的效果来验证。在"我"用实际行动来使百姓信任这句话下面,为什么独独没有说"不谬""不悖",是因为百姓的信任服从,虽然可以看得到,但却不可以当作依赖。

> 项仲昭云:题内"征诸""考诸"等字,是说印证,不是说效验。而征诸庶民句下,独无"不谬""不悖"字样,盖民心之信从,可察而不可恃也。

♡ 张岱　汤霍林　宋羽皇

张岱

"需要用百世的时间,来等待圣人的出现",是说后世又出现了圣人,一定会继续弘扬君子之道;又如说后世又出现了圣王,也一定会继续效法。这些一定要由自身做起,而不是说一定要等百世之后。"不惑"的意思,是我作为君子之道的传承者,有充足的自信,相信此道一定会得到弘扬和效法,因此本章不说是"等到百世之后",而是说

"要在百世之间",等待圣人的出现。

> "百世以俟",犹云圣人复起,必从吾言矣。犹云有王者起,必来取法耳。此必之我,非必之百世以后也。"不惑",乃我自信其必然耳,故本题不曰"俟百世",而曰"百世以俟"。

♡ 汤霍林　宋羽皇　项仲昭

张岱

大多普通人只见到有天地,却见不到有鬼神,因此对于鬼神的疑惑超过了天地。他们每天只听说夏商周三代的君主,却没听说百世之后会有圣人的出现,因此对百世圣人的疑惑超过了三代的君主。那些懂得天道、人道的君子,不能只述说鬼神和百世圣人,而要把"考诸、建诸"这四句话完整地说明。

> 凡人终见天地,不见鬼神,故疑鬼神甚于天地。终日闻三王,不闻百世圣人,故惑百世圣人甚于三王。言知天知人者,不得但言鬼神百世,总上四句之义也。

张岱

"远之则有望，近之则不厌"中的"远之""近之"，是形容君子之道的极妙，它使人对君子圣贤无论何时何地都能产生亲切感；绝不是讲地域上的远处和近处。这好像是欣赏天生丽质的绝代美女，无论从哪个角度，从远处近处欣赏都是美的。

"远之""近之"，是形容道妙语，令人随在皆亲；以远近分地域者非也。如视绝代佳人，远近皆佳。

♡ 汤霍林　宋羽皇　项仲昭

祖述章

《中庸》原典

仲尼祖述尧舜，宪章文武，上律天时，下袭水土。辟如天地之无不持载，无不覆帱，辟如四时之错行，如日月之代明。万物并育而不相害，道并行而不相悖。小德川流，大德敦化。此天地之所以为大也。

译文　孔子远述唐尧虞舜的传统之道，近效文王武王的制度，向上顺应天时，向下遵循适应生活的环境，好像大地一样承载一切，又像天空一样覆盖一切，好像四季有序运行，又像日月交替照耀。世间万物同时生长而不互相伤害，很多道路同时存在而不互相障碍。孔子小的德行如河水一样长流不息，大的德行如高山一样化生万物，这便是他与天地一样伟大的原因。

朋友圈纵横谈（▇为原文）

张岱

品读《尚书·尧典》这篇文章，尧帝命令羲氏与和氏，敬慎地遵循天数，推算日月星辰运行的规律，制定出历法，这就是尧帝的"上律"。《尧典》中说："命令羲仲，住在东方的旸谷，恭敬地迎接日出"，"命令和仲，住在西方的昧谷，恭敬地送别落日"，等等这些语言，就是"上律"的实际应用。《尧典》还说："辨别测定太阳东升的时刻"，"辨别测定太阳西落的时刻"，等等这些语言，就是"下袭"的意思。《礼记·月令》这篇文章中，也可以找到与《尧典》类似的记载。孔子虽没有取得帝王的地位，但他已做到把天地变化涵盖而不过，周遍成就万物而善为裁节调理，与取得了地位的人也没有什么区别。

▇读《尧典》一篇，历象日月星辰，便是尧之"上律"。其曰："寅宾出日""饯纳日"等语即是"上律"意。其曰："平秩东作"，"西成"等语，即是"下袭"意。《月令》亦然。仲尼虽不得位，然其范围裁成，与得位者一也。

♡ 项仲昭　马君常　袁了凡

张岱

"下袭水土"要与"上律天时"结合在一起来说。在五行之中,第一是水,第二个是土,水与土原来是相生相克的,由此而循环往复直至无穷。"下袭水土"的意思,是告诉人们要遵循自然规律,并非仅仅是"智者乐水、仁者乐山",物我感通那些。

"水土"仍合"天时"说。五行,一曰水,五曰土,原相生相克,循环无端。"下袭"者,正与时消息处,非仅乐山乐水之见。

♡ 项仲昭　马君常　袁了凡

项仲昭

春夏秋冬的四时变化,叫做"错",即交错;日月轮替照耀,叫做"代",即代换。这个"代"字的意思,非常容易理解。一年四季有次序地变化,为什么说是"交错"呢?因为无论任何一时的"交替",都是具足了一年四季的阴阳之气的。

项仲昭曰:四为错,二为代。代字易明。若四时顺序,何得言错?错者一时而备四时之气者也。

♡ 张岱　马君常　袁了凡

马君常

心中所想一直是孔子，但是结尾处却又说到天地的伟大，看起来有些唐突，实际上却指出了孔子像天地一样能化成万物，如果末句再重复说孔子，就是画蛇添足了。

马君常曰：胸中想着仲尼，口里忽说天地。此中便有圆满化工。若于末句复添仲尼，便蛇足矣。

♡ 张岱　孔子　项仲昭　袁了凡

张岱

"万物并育而不相害，道并行而不相悖"这两句话，是从形而上的事理来说的。如果放在形而下的事相来说，虎狼要吞噬猎物，鹰隼要搏击走兽，万物既然同时存在，哪里会互不伤害呢？只有从本质上来说，万物同样存在于天地之间，也同样地受到天地的化育，不侵害也不争夺。就如在一个室内，点燃了一千盏灯，灯与灯之间的光线不相妨碍，每一盏灯的光都是遍照于室内的。就像寒冷与酷暑并不相冲突，因此阴气才能够形成于烈日之下；暑热与寒冬也不相冲突，因此阳气才能够从深土回复。寒冷与暑热并行而不相障碍，也是它们的阴阳之气能自动地此消彼长。从中看出，寒冬和暑夏往复出现，并没有彻底的生与灭。

> "并育"二句亦就道理说。若作形体上说，则虎狼之吞噬，鹰隼之搏击，万物之生，焉不得害？惟以万物之性说，则同此天地，亦同此天地之育，不侵不夺。譬如一室千灯，其光必遍。寒不悖暑，故阴气生于烈日之中；暑不悖寒，故阳气回于重泉之下。并行并不相悖，亦其气自相乘除。寒暑之道，未尝有生灭也。

♡ 项仲昭　马君常　袁了凡

袁了凡

"流"字，就是流淌的意思。圣人的德行如河水一样长流不息，遍及千河万流，每一滴都可以品尝到水的完整味道。"化"字，就是融合的意思。敦化，就像一个巨大的熔炉，将金钗、银钏、铁环、铜钟各式各样的金属，全部熔化变成了一体。一体以包含多种金属成分的形态出现，但把它分开检验，又可以发现其中的多种成分。多种的金属成分熔为一体，多种成分却并不妨碍其为一体。

> 袁了凡曰：流者，出也。川流者如水，分于万川，滴滴各全水味也。化者，融也。敦化者，如大炉火，钗钏环钟，无不融化而归一也。一随万而出，则缕缕分析而不穷。万得一而融，则重重摄入而无碍。

♡ 张岱　项仲昭　马君常

至圣章

《中庸》原典

唯天下至圣，为能聪明睿知，足以有临也；宽裕温柔，足以有容也；发强刚毅，足以有执也；齐庄中正，足以有敬也；文理密察，足以有别也。溥博渊泉，而时出之。溥博如天，渊泉如渊。见而民莫不敬，言而民莫不信，行而民莫不说。是以声名洋溢乎中国，施及蛮貊。舟车所至，人力所通，天之所覆，地之所载，日月所照，霜露所队，凡有血气者，莫不尊亲。故曰配天。

译文　唯有天下通达大道的圣人，能够明察事理、见识卓越，足以君临天下；他能够度量宽宏、温文尔雅，足以海纳百川、众望所归；他奋发强健、果断刚毅，足以保持正道、始终如一；因为他平等端庄、守中执正，足以保持初心、虚怀若谷；他文理周密、洞悉时事，足以明辨是非、明察秋毫。他的智慧如源泉一样无穷无尽，如潭渊一样深不见底，随时随地在内心迸发出来；他的德行如苍天一样广博远大，如深渊一样不可估量。他一出现，民众没有不尊敬的；他的言论，民众没有不相信的；他一行动，民众没有不喜悦的。正因为这样，他的声望传遍了九州四海，恩德施及于边远之地。凡是舟车到达的地方，人的能力所通行的地方，天空所遮覆的地方，大地所承载的地方，日月所照临的地方，霜露所降落的地方，凡有灵气的众生万物，没有人不尊敬亲爱他。所以说，圣人的美德与天地匹配、日月齐辉。

朋友圈纵横谈（▨为原文）

张侗初

天地元气，虽然含藏在万物里面，但一年四时少不了它；圣人的醇厚德性，虽深藏在自心，但五种品德浑然具足。到了春天的时间春天就会到来，到了秋天的时间秋天就会到来，这是因为含藏到了极限，就会自然生发了。圣人在该行仁的时候，就履行仁德；该行义的时候，就勇于践履道义；这是因为宁静到了极限，就会悄无声息地流溢了。人们所说的"喜怒哀乐之未发"，这个"未发"的临界点，就是最恰当的时机，因此称之为"合乎时机而自然发出"，因为这是从根源发生的力量吧。

▨张侗初曰：元气虽含藏，故四时必备。圣性虽深静，故五德俱全。当春而春，当秋而秋，藏极

> 而发也。时仁则仁，时义则义，静极而生也。所谓未发之中，其中也时，故曰"时出"，盖从渊泉发根也。

♡ 张岱

张岱

在第二十六章中说到"高明配天"，这里详细地说明为什么能够"配"，因此用"故曰"。然而细细品味"故曰"两个字，从中可以看出，圣人之所以可以"配天"，实际上只是他自己的分内之事而已。

> 上章曰"高明配天"，而此则详其所以"配"，故用"故曰"字。然玩"故曰"二字，可见到"配天"地位，只是至圣本分内事。

♡ 张侗初

张岱

圣人孜孜以求，穷尽天地和人事；圣人所到之处，百姓无不被感化而永远受其影响。他能使有情的芸芸众生，不会躲避而想尽办法去亲近。无知无觉的虫鱼鸟兽，冷天懂得蛰伏而热天晓得出来活动，都是由一点灵心所化育出的，哪一个不是由本性生成的呢？就像流水奔腾不息，而江河却并没有动；又像各种声音一齐响起，而发出声音的东西却寂然无声。天地造化万物，其丰功伟绩无法形容，万物本性神妙，无法言说。

穷天际地，过化存神，有情之族属，恶知避而欲知趣。无觉之昆虫，寒必潜，而燠必出，并在灵心化育，谁非性量生成？如众沫竞注，而江河不流；似万籁纷吹，而橐籥自寂。天功莫喻，性妙难言。

♡ 张侗初

经纶章

《中庸》原典

唯天下至诚，为能经纶天下之大经，立天下之大本，知天地之化育。夫焉有所倚？肫肫其仁，渊渊其渊，浩浩其天。苟不固聪明圣知达天德者，其孰能知之！

译文　只有天下真诚到极致的人，才能成为治理天下的崇高典范，才能树立天下的根本法则，掌握天地化育万物的深刻道理，这需要什么依据呢！他的仁爱真挚而诚恳，他的思想像潭水一样深，他的美德像天一样高。如果不是耳聪目明圣哲和有德行的人，谁能够知道他的伟大呢？

朋友圈纵横谈（▮为原文）

张岱

> 我曾经讨论过，这一章的表述顺序与第一章刚好相反。第一章从"天性"即上天赋予人的善良本性开讲，继而讲述"人道"，即人们依此天性发展并择善而行，最后落脚点在于"教化"，即秉承天性，依照人道，开展教化；整个逻辑关系，是顺着从天道向下讲述到人道。这一章，却先讲人如何治理天下的"经纶"，再到树立"人道"的基本法则，最后以"化育"天地万物为归宿，是逆着从人道向上讲到天道。这恰恰阐明中庸之道的最大功德，从天而人，再从人而天，一切都是最完美的。
>
> ▮ 尝论此节与首章相反，首章"性""道""教"，顺，从天说到人；此节"经纶""立本""化育"，逆，从人说到天。此中庸之极功也。

♡ 马巽倩

张岱

> "这需要什么依据呢"，正是第一章"致中和"的功德，如果人们能真正履行中庸之道，做到既"中"又"和"，那么还需要依据什么呢？如果有所依据，就不能称之为"中和"了。"肫肫其

仁，渊渊其渊，浩浩其天"三句话，就是在赞美不需要依据的妙处，也就是说，有了美好的仁心、幽深的智慧、广博的美德，是不需要依据什么了。就如治理天下，依然存在君臣、父子、夫妇、兄弟和朋友之间的伦理道德。有了"中和"而不需要依据什么，只呈现出一种来自天性的和气友爱，这岂不是"肫肫其仁——他的仁心是那样诚挚"的体现吗？下面"渊渊其渊，浩浩其天"两句与此一样。

这里要留意，"渊渊其渊，浩浩其天"与上一章"溥博如天，渊泉如渊"的内涵是不同的。上一章是实指，因此用"如"字表达。这一章"天渊"是假借来的，与"仁"字的道理是一样的，因此只可以说是"其"而不能说是"如"。二者只是虚与实不同，并没有什么优等劣等之分。

▰ "夫焉有所倚"，政是首章"致中"之功，何倚之有？倚则不名为中矣。"肫肫"三语，是申赞其无倚之妙。如经纶大经，尚存君臣父子等伦。无倚，则忠孝友恭等字俱不倚着，止见其一团天性之和蔼，岂不是"肫肫其仁"？下二句仿此。

"其天其渊"与上"如天如渊"不同。上"天渊"以实言，故着"如"字；此"天渊"是借来的空字，与"仁"字一般，故言"其"而不言"如"，非有优劣也。

♡ 马巽倩

张岱

讲述圣人之道，用"仁"字来形容他的至诚专一，用"渊"字来形容他的明净幽深，用"天"字来形容他的广博远大，再加上"肫肫""渊渊""浩浩"，正是来形容"仁心""智慧""美德"的神妙之处，并非另外还有什么"小仁""小智""小德"！

"仁"以言其精，"渊"以言其深，"天"以言其大，而加"肫肫""渊渊""浩浩"，政以状"仁""渊""天"之妙，非更有小仁、小渊、小天也。

♡ 马巽倩

马巽倩

就像混沌初开，天地确定了上下位置，体现在卦象上，"乾上坤下"就是"天地否"，天地隔阂不能交感，万物闭塞；"乾下坤上"就是"地天泰"，天地上下互通。所以这儿就少不了"纶"的作用。汉唐宋历朝以来，中庸一直讲不明白，就是因为不知道重视这个"纶"字。

马巽倩云：只如乾坤定位经也，至乾上坤下而否，乾下坤上而泰。此处便少"纶"字不得矣。

《四书遇》导读

> 汉唐宋大经不明，正坐不知"纶"字耳。

♡ 张岱

张岱

圣人聪明睿智，无所不通，专门加了"固"字做限定词，说明圣人不是依靠聪明睿智的。不依据聪明睿智，然后能够达到上天的德性。"固"字、有约束身心、谦虚含藏的意思，与下一章"绚"字"暗"字的意思相近，总能让人体味到不需要倚仗什么，而能达到天德境界的神妙之处。

聪明圣知，下一"固"字，便不是倚聪明倚圣知。不倚聪明圣知，然后能达天德。"固"字有收敛弢藏之意，与下"绚"字、"暗"字相近，总见无倚之妙。

♡ 马巽倩

尚絅章

《中庸》原典

《诗》曰:"衣锦尚䌹。"恶其文之著也。故君子之道,暗然而日章;小人之道,的然而日亡。君子之道,淡而不厌,简而文,温而理,知远之近,知风之自,知微之显,可与入德矣。《诗》云:"潜虽伏矣,亦孔之昭。"故君子内省不疚,无恶于志。君子所不可及者,其唯人之所不见乎!《诗》云:"相在尔室,尚不愧于屋漏。"故君子不动而敬,不言而信。《诗》曰:"奏假无言,时靡有争。"是故君子不赏而民劝,不怒而民威于铁钺。《诗》曰:"不显惟德,百辟其刑之。"是故君子笃恭而天下平。《诗》云:"予怀明德,不大声以色。"子曰:"声色之于以化民,末也。"《诗》曰:"德輶如毛。""毛犹有伦,上天之载,无声无臭",至矣!

译文 《诗经·卫风·硕人》中说:"妇女锦衣纹巧绣,外面罩上粗麻衣。"就是嫌花纹太显露了。用此来说明君子之道应韬光养晦,深藏不露,日久就会彰显它的光芒;如果内蕴肤浅,虽然外表引人注目,但很快就会日益消亡。君子为人之道,外表素淡却不使人厌恶,简朴而有文采,温和而又有条理,知道远是从近开始的,知道教化别人是从自己做起的,知道隐微的东西是从显著的地方开始的,这样就进入圣人的道德境界了。《诗经·小雅·正月》中说:"鱼虽潜藏于深水,依然清晰而可见。"因此,君子只求内省时无愧于心,心中没有不善的念头。君子之所以德行高于普通人,让人觉得赶不上,正是在这种别人看不见的地方。《诗经·大雅·抑》中说:"看你单独处室内,做事无愧于神明。"因此,君子就是不做事,心里也是恭敬的;就是不说话,内心也是诚实的。《诗经·商颂·烈祖》中说:"默默无声地祈祷,现在不再有纷争。"因此,君子不奖赏而百姓自会努力,不发怒而百姓也会畏惧。《诗经·周颂·烈文》中说:"美好德性须弘扬,诸侯百官来效法。"因此,君子敦厚恭敬,天下才会太平。《诗经·大雅·皇矣》中说:"德业崇高真君子,声色俱厉是小人。"孔子说:"用疾声厉色去教化百姓,是本末倒置了。"《诗经·大雅·烝民》中说:"德行教化老百姓,治国易如举鸿毛。"鸿毛虽轻却条理分明,治国理政值得效法。《诗经·大雅·文王》中说"一根鸿毛都有条理行迹可以类比,然而上天发育万物,其道无声也无味",这才是最高境界啊!

朋友圈纵横谈（▇为原文）

汤宣城

君子之道和小人之道，即是上面所说的君子之中庸和小人之中庸。小人也有自己所谓的"大道"和自己所谓的"中庸"，但与君子是不同的。

▇ 汤宣城云：君子之道，小人之道，即上面君子之中庸，小人之中庸也。小人亦自有道，亦自有中庸，其途各别。

♡ 汤宣城　张侗初　张岱　张元岵　马君常
杨复所　刘端甫　徐子卿　袁了凡

张侗初

鼻子时时呼吸，却似忘记了气息的存在；舌头时时尝味，却似忘记了味道的存在；圣人时时简朴，却似忘记了平淡的存在。各种气味有衰减的时候，但是气息却不会衰减；各种味道有消失的时候，但是水却不会消失。因此说："圣人外表素淡却不使人厌恶。"高尚的人非常珍惜"平淡是真"，因为平淡是生命的精气。就像古时祭礼用清水代替玄酒，虽没有味道却意义深远；就像最伟大最美好的声音，却是无声的天籁之音。这就是"无声也无味"的精妙之处。

> 张侗初曰：鼻忘于风，舌忘于味，圣人忘于淡，诸臭有谢，而风无谢也；诸味有尽，而水无尽也，故曰"淡而不厌"。至人宝淡，淡者，性命之精。玄酒味方淡，太音声正希。此无声无臭之妙也。

♡ 张岱　汤宣城　张元岵　马君常　杨复所　刘端甫　徐子卿　袁了凡

张岱

这里不用"暗"字表述，却用"暗然"：这是因为"暗"即阴暗，成为"章"即明亮的反义词了；而暗然的真正含义，是即使在明亮的地方，也有它的阴暗之处。就如帐里的明灯、匣里的宝剑，剑气灯光若隐若现。担心人们以为圣人之道日益消损，因此才说"君子之道深藏不露，日久就会彰显它的光芒"。并非是君子之道"暗然"了又"日章"，而是既深藏不露同时又彰显光芒。

> 不曰"暗"，而曰"暗然"：盖"暗"而与"章"对；而暗然，则章即其暗也。正如帷灯室剑，宝光隐跃。恐人以为不章，故又曰"日章"耳。非"暗然"了又"日章"也。

♡ 汤宣城　张侗初　张元岵　马君常　杨复所　刘端甫　徐子卿　袁了凡　朱熹

张岱

"知风之自"的"风"字,就如平时所用的风化、风尚、风教、风声、风气、风会等词语,都是风吹及大地万物,所形成的声响及变化。读懂"风"的内涵,必须从本身来看,而不可从其影响之处看。就像从暴烈的风中看到人的怒气,从温和的风中看到人的愉悦,从苦寒的风中看到人的悲苦。又如鼻孔里的气息,观察它的舒缓、急促、粗浊、细微,就可知道人的心肺状态。

"风"字,如时作风化、风尚、风教、风声、风气、风会等语,皆风之中乎物而成声成变者。"风"当从其体,不当论其至。如厉风知怒,和风知喜,凄风知哀;又如鼻中息,缓急粗细,便知心气橐籥处。

♡ 汤宣城　张侗初　张元岵　马君常　杨复所
刘端甫　徐子卿　袁了凡

张元岵

"知远之近","知风之自",是从外头说到了里头。为何突然调头说"知微之显",即了知微小的要从显著的开始呢?这就是作者的高明之处,就像书法的弯曲、竖直、横写、斜飞，又像写文章的篇章结构一样，文法灵活，各尽其妙，如果一路从外说到里，又有什么意味和情趣呢？

> 张元岵云："知远"，"知风"，是从外说到内也。却又调个转身说"知微之显"，曲直横斜，文章理道，两尽其妙，若一直说去，有何义味？

♡ 张岱　汤宣城　张侗初　马君常　杨复所
　刘端甫　徐子卿　袁了凡

张侗初

引用"衣锦尚䌹"的诗句，目的是称赞君子为人处世的低调谦虚，也即"暗"字产生的意义；引用"潜虽伏矣，亦孔之昭"的诗句，目的是称赞君子时常反省自心，不存在不善的念头，也即"不见"产生的意义；引用"相在尔室，尚不愧于屋漏"的诗句，目的是称赞君子做人处事，内心是恭敬忠诚，没有丝毫放松，也即"不言""不动"产生的意义；引用"奏假无言，时靡有争"的诗句，目的是称赞君子躬身践行道德，即使不奖赏百姓自会努力，不发怒百姓也会畏惧，也即"不赏""不怒"产生的意义；引用"不显惟德，百辟其刑之"

《四书遇》导读

的诗句，目的是称赞君子始终做到敦厚恭敬，永为世范，也即"笃恭"产生的意义；引用"予怀明德，不大声以色"的诗句，目的是称赞君子是一个真正道义在心的人，决不会声色俱厉，而是神闲气定、心平态和，也即"不大"产生的意义；引用"德輶如毛"的诗句，目的是称赞君子凭借崇高的德行，治国理政举重若轻，也即"无声无臭"产生的意义。引用诗经来归结全文，较好地阐明了"未发之中""天命之谓性"的真正内涵。

张侗初曰：引"尚䌹"之诗，赞叹一个"暗"；引"潜伏"之诗，赞叹一个"不见"；引"屋漏"之诗，赞叹个"不言""不动"；引"靡争"之诗，赞叹个"不赏""不怒"；引"不显"之诗，赞叹个"笃恭"；引"皇矣"之诗，赞叹个"不大"；引"烝民"之诗，赞叹个"无声无臭"。用引诗体作结局，直是发明"未发之中"，"天命之谓性"也。

♡ 张岱　汤宣城　张元岵　马君常　杨复所　刘端甫　徐子卿　袁了凡

张岱

奖赏和惩罚、劝勉和畏惧，本身是就事说理，不可执着于外相而偏离了本质。这里只讲到君子时时自省，内无愧于自心，外无不善行为，传递出来的意思，就是要藏而不露，在这里只能意会不可言传。

▍赏罚劝威，并不宜着相。只讲君子不疚不愧，意象暗然，到此只有可想无可说。

♡ 汤宣城　张侗初　张元岵　马君常　杨复所　刘端甫　徐子卿　袁了凡

马君常

君子在社会生活中，也会奖罚分明，也会一怒安天下，但百姓得以劝勉和服从，其动力却不在此处。

▍马君常曰：君子亦有赏，亦有怒，但劝威不在此。

♡ 张岱　汤宣城　张侗初　张元岵　杨复所　刘端甫　徐子卿　袁了凡

杨复所

我们儒者所做的学问，本来在经世致用方面的不足，见到大贤大圣与平民百姓的一点点差距，就像是在平地上突然看见高耸的山峰一样。

> 杨复所曰：吾人学问，原是平天下的学问少，见得大贤大圣与愚夫愚妇略有不合处，便是平地上突起峰峦。

♡ 汤宣城　张侗初　张岱　张元岵　马君常　刘端甫　徐子卿　袁了凡

张岱

仙鹤一叫，小鹤便以鸣声相应；男女以眼神传情达意，就能心心相印。这说明在教化百姓中，也不能轻易放弃声色的作用，它无非是要求人们在教化中注重根本性的东西，因此才将声色的教化称为"末"，但不能因此将"声色"教化的作用抹杀了。

> 鹤鸣而子和，目与而心成。声色，亦化民所不废也，而本在焉，故曰"末"，不得尽说坏声色。

♡ 汤宣城　张侗初　张元岵　马君常　杨复所　刘端甫　徐子卿　袁了凡

马君常

这一章主要描写"不显之德",即必须弘扬美好德性,与汉武帝刘彻写的《李夫人之歌》中的诗句"是耶非耶"有异曲同工之妙。汉武帝在宠妃李夫人病故后,由于刻骨铭心的思念感动了另一世界的李夫人,好像显灵来探望他,汉武帝朦朦胧胧之间,又惊又喜地发出"是你吗?不是你吗?"的深情呼喊。如果仅仅从所谓的声色等语言,傻呆呆地理解和分析,那么只隔一片纸,也像隔了万重山那么遥远啊!

马君常云:全节摹写不显之德,与《李夫人之歌》"是耶非耶"光景不殊。若从声色等语呆实分疏,片纸万山矣。

♡ 汤宣城 张侗初 张岱 张元岵 杨复所 刘端甫 徐子卿

刘端甫

末,并非一定是粗疏的东西。俗语说"锥处囊中,其末立见",即一把铁锥放在布袋里面,它的尖端立刻就能显露出来。就像细微的水气若有若无,天空中看不清针尖、麦芒那样的细微东西,无论是模糊的广大的,还是开头的末端的,都是由德性生发才会进入毫厘末端。人世间说是"末"的东西,事实上也不可缺少,就像树上少不得枝叶,不过万紫千红都是细枝末节。《大学》中说,"德者,本也;财者,末也",意思就是"道德修养,是为人的根本;钱财是不重要的,是身外之物"。虽然钱财是身外之物,却也忽略不得!试看看哪一个天下国家,什么时候能缺少钱财?由此来理解,就知道"末"字的确切含义。

刘端甫云:末非粗也。语云"其末立见",微茫缥缈,太空针芥,浑漠端颖,出于德而已入纤微。世间说"末"的东西,都是少他不得的,如树上自少枝叶不得,只是万紫千红总是"末"耳。《大学》言财者,末也。试看天下国家,那一刻少得财用?便知"末"字之义。

♡ 汤宣城 张侗初 张岱 张元岵 马君常 杨复所 徐子卿 袁了凡

徐子卿

小人在日常生活中为所欲为,肆无忌惮,致使别人一见到就厌烦。但是也要从"看不见处"用心观察。这些最为关键的地方,千万不要匆匆而过。

徐子卿曰:小人亦闲居放肆到人见即厌。然

可见这人所不见之地极是用工。关窍处所，切莫放过。

♡ 张岱　汤宣城　张侗初　张元岵　马君常　杨复所　刘端甫

徐子卿

有人请教："老天爷承载并养育天地万物"，这个"载"，为何不说"承载个什么事"呢；又有人请教："载，是事物的起源"，这些道理怎样说呢？我回答他们说：能够承载并养育万物的，是大地所具有的力量。能够承载大地的，是无边无际的上天。上天由于太大了，谁也承载不了；它位居在上头，也不容谁来承载。说到上天承载并养育万物，它的伟大之处就是默默无闻，没有发出一句声音，也无冒出一丝气味吧？讲明这个道理，一定要简洁明白，直截了当，既阐述到大的方面，也涉及到小的地方，如果模棱两可，恍恍惚惚，那就没有什么可取之处了。

"毛犹有伦"，说的是拿羽毛来比喻道德，两者之间在条理方面是可以类比的，并不是说羽毛有什么伦理道德。这个问题一定要搞清楚。

📖 徐子卿曰：或问"上天之载"，注说个"事"字；或云"载，始也"。其义云何？余云：

219

> 载人物者，地也。载地者，天也。天大而不可载，上而不容载，语载，其无声无臭乎？要明白斩截，说得粗，入得细，模糊影响，无有是处。"毛犹有伦"言以毛比德，犹有伦类可拟，非毛之犹有伦也。须辨。

♡ 汤宣城　张侗初　张岱　张元岵　马君常　杨复所　刘端甫

袁了凡

> 独就是没有与他相对的东西。有类比，就有相对。我们看到鸿毛还有行迹类比，就可明白一丝一毫的东西都会有其相对，都不是独存的个体。
>
> 袁了凡曰：独者无对之称，有伦斯有对矣。观毛犹有伦，则知丝毫有对，终非独体。

♡ 张岱　汤宣城　张侗初　张元岵　马君常　杨复所　刘端甫　徐子卿

张侗初

> 《中庸》的脉络分明：首先阐明天道是无声也无味的，"喜怒哀乐之未发"时的心体是内敛含藏的。接下来讲戒慎恐惧是"天地位焉，万物育焉"

的具体表现。君子内省时无愧于心,是使天下平定的真正方法。由此可见至诚至圣与天命是合而不一的,并非没有根据的空谈。

> 张侗初曰:无声无臭,天命之初。暗然笃恭,未发之体。然戒慎恐惧,却是位育实地。内省不疚,却是平天下真把柄。可见至诚至圣与天命合一处,不是无根。

♡ 汤宣城　张岱　张元岵　马君常　杨复所　刘端甫　徐子卿　袁了凡

朱熹

@ 子思根据前面几章详细精致的叙述,现在探求其根本,从自己修身养性、笃实恭敬,说到天下达到太平的胜景。子思盛赞天道无声无味,可是谁离不开它。这是简约地总结了全篇的宗旨。其中包含的反复叮咛以教育后人的用意如此深切,后世学习《中庸》的人,难道还能不尽心吗?

> 子思因前章极致之言,反求其本。复自下学为己谨独之事推而言之,以驯致乎笃恭而天下平之盛。又赞其妙至于"无声无臭"而后已焉。盖举一篇之要而约言之。其反复丁宁示人之意,至深切矣。学者其可不尽心乎!

♡ 张岱　子思